거룩은 그리스도인의
삶의 푯대이자
하나님의 부르심에 대한 응답

묵삶 119

묵삶 119

발행 2016년 9월 29일

지은이 김용주
발행인 윤상문
편집부장 권지현
코디네이터 박현수
디자인실장 여수정
디자인 표소영, 박진경
발행처 킹덤북스
등록 제2009-29호(2009년 10월 19일)
주소 경기도 용인시 기흥구 동백동 622-2
문의 전화 031-275-0196 팩스 031-275-0296

ISBN 979-11-5886-069-1 (03230)

Copyright ⓒ 2016 김용주
이 책은 저작권법에 따라 보호받는 저작물이므로 무단전재와 복제를 금지하며,
이 책의 내용의 전부 또는 일부를 이용하려면 반드시 저작권자와 킹덤북스의
서면 동의를 받아야 합니다.

※ 잘못된 책은 구입하신 곳에서 교환하여 드립니다.
※ 책 가격은 표지 뒷면에 있습니다.

 킹덤북스(Kingdom Books)는 문서사역을 통해 하나님의 나라를 확장하고, 한국 교회와 세계 교회를 섬기고자 설립된 출판사입니다.

거룩은 그리스도인의
삶의 푯대이자
하나님의 부르심에 대한 응답

묵삶 119

김용주 지음

킹덤북스
Kingdom Books

프롤로그

묵삶의 세계를 열어가며

지난 겨울은 말씀의 거울 앞에 서는 소중한 시간이었다. 한겨울 냉기가 흐르는 골방에서 묵삶 119를 쓰는 행복한 시간이었다. 굳이 냉방을 택한 이유는 미루고 있던 글쓰기를 빨리 끝내고 싶어서였다. 글을 쓰는 책상 주변만 조명을 켜고 겨우내 작업을 하였다. 초안 글이 완성되면서 봄이 왔다. 그런데 이전에 경험하지 못한 현상이 나타났다. 눈이 침침해져 가까이에 있는 글씨가 흐릿하게 보이는 것이다. 이전에 한 번도 경험하지 못한 현상이었다. 근시가 온 것인가? 노안이 온 것인가? 별별 생각을 다 해보았다. 그러나 마음은 기뻤다. 한 송이 꽃을 피웠기 때문이다. 오랜 시간 묵상한 시편 119편이 한 권의 책으로 열매를 맺었다. 대가지불을 하지 않고 열매를 맺을 수는 없다. 눈은 다시 회복되어 가고 있다. 모든 것이 감사할 뿐이다.

나는 고등학교 3학년 때 성경 한 구절의 말씀에 감동을 받아 예수 그리스도께 헌신을 결단하였다.

> "우리가 살아도 주를 위하여 살고 죽어도 주를 위하여 죽나니 그러므로 사나 죽으나 우리가 주의 것이로다"(롬 14:8).

그 당시 이 말씀이 나의 가슴에 너무 강하게 박혀버렸다. 이 말씀은 이후의 나의 삶에 지대한 영향을 끼쳤다. 고난에 대한 두려움이 사라졌다. 죽음에 대한 두려움도 없어졌다. 예수 그리스도의 제자가 되려면 고난도 죽음도 초월하는 믿음을 가져야 함을 알았다. 이 말씀을 받은 이후로 말씀 한 절 한 절을 묵상하는 것이 얼마나 소중한가를 깨닫게 되었다. 그래서 지금까지 말씀을 알아 가는데 온 힘을 다하고 있다.

말씀을 묵상하는 것은 그리스도인의 본분이다. 말씀을 떠나서 살 수 없는 사람이 그리스도인이다. 말씀은 그리스인의 생명이다. 또한 영적 성장의 자양분이며 하나님의 거룩을 닮아가는 첩경이다. 거룩은 그리스도인의 삶의 푯대이다. 그리고 하나님의 부르심에 대한 응답이다. 이에 대해 성경은 분명히 증거한다.

> "나는 너희의 하나님이 되려고 너희를 애굽 땅에서 인도하여 낸 여호와라 내가 거룩하니 너희도 거룩할지어다"(레 11:45).

> "하나님의 말씀과 기도로 거룩하여짐이라"(딤전 4:5).

왜 말씀 묵상을 위해 온 힘을 다해야 하느냐고 묻는다면 '주님의 거룩을 닮아가기 위해서'라고 대답하고 싶다. 거룩의 진정한 의미는 구별된 삶이다. 하나님이 이스라엘과 우리를 구속하신 이유는 거룩 때문이다. 거룩은 그리스도인이 마지막까지 지키고 있어야 할 최종병기와도 같다. 하나님은 거룩을 향한 길을 매일 갈 수 있도록 성경 66권을 그리스도인에게 주셨다.

매일 묵상하는 삶을 사는 사람은 거룩을 향한 열망이 가득하다. 묵상을 통하여 하나님의 거룩을 날마다 체험하기 때문이다. 거룩은 하루하루 하나님과 자연스럽게 동행하는 것이다. 거룩을 사모하며 묵상하는 사람은 하나님의 말씀의 거울 앞에서 자신의 영적인 근육을 쉼 없이 단련하는 사람이다.

이 책은 시편 119편 하나에 초점을 맞추고 있다. 119편을 선택한 이유는 전체가 말씀을 사모하는 시이기 때문이다. 총 176절 가운데 84절, 121절, 122절, 132절을 제외하고 각 절마다 말씀이라는 용어를 사용하고 있다. 말씀과 동일한 용어인 율법, 증거, 법도, 약속, 계명, 계율, 심판, 의, 진리, 판단, 율례, 규례, 법, 교훈 등을 사용하고 있다.

이 시편이 쓰인 시기는 B.C. 400년경이다. 바벨론 포로로 잡혀간 흩어진 유대인들이 페르시아 제국의 지배하에 살 때 에스라에 의해 전수된 하나님의 율법을 깊이 묵상하면서 말씀의 중요성을 깨달은 무명의 작가에 의해 기록되었다. 시편 119편은 히브리어 알파벳 순서대로 쓴 시이다. 8절씩 나누어 22개로 구성되어 있다. 성경 66권 전체에서 가장 긴 편(장)이다. 총 176절 전체가 말씀에 대한 사모함을 표현하고 있다.

매일 8절씩 묵상하는 훈련을 할 수 있도록 책을 썼다. 전체를 묵상하는 데 22일이 소요된다. 나의 바람은 시편 119편을 7번 반복해서 묵상하였으면 좋겠다는 것이다. 7번 반복하면 약 5개월을 묵상하는 것이다. 5개월 동안 같은 본문으로 묵상훈련을 하면 좋은 습관이 몸에 자리 잡는다. 매일의 묵상이 자연스러워진다. 무엇보다 묵삶(묵상하는 삶)의 행복을 맛보게 된다.

교회에서는 묵삶이라는 제목으로 소그룹 성경공부를 하면 효과적이다. 총 12주 과정으로 진행하면 된다. 한 주에 2과씩 미리 준비해 와서 서로 나누다보면 도전과 함께 묵상이 깊어질 것이다. 묵삶의 열매는 변화된 삶이다. 변화가 없는 묵상은 망상이다. 묵상을 통하여 하나님을 경험하면 할수록 변화의 역사를 체험하게 된다. 그것은 전인격적인 변화로 이어진다. 말씀을 깊이 묵상하면 그 말씀을 적용하게 하시는 성령에 의해 새롭게 변화된다.

나는 지난 10년 동안 시편 119편 말씀을 여러 번 강해하며, 묵상해 왔다. 한 절 한 절 묵상을 거듭했다. 성도들과는 하루에 한 번씩 40번을 읽기도 하였다. 8절씩 나누어 묵상하기도 하였다. 묵상이 깊어지면 한 절씩 176일 동안 깊은 묵상의 은혜를 누릴 수 있다.

묵상하는 사람의 기본자세는 사모함이다. 묵상은 사모함으로 말씀의 보화를 캐내는 것이다. 묵상을 통하여 말씀의 보화를 캐내는 일은 하루아침에 되지 않는다. 몸이 기억할 때까지 거듭되는 반복 훈련이 필요하다. 그러므로 묵상은 몸으로 하는 것이라 해도 과언이 아니다. 몸이 자연스럽게 기억하는 묵상은 어느 순간 자신의 일부가 된다. 나의 간절한 소망은 이 책을 통해 몸이 자연스럽게 기억하는 묵삶의 세계로 입문하는 그리스도인들이 곳곳에서 불길처럼 일어나는 것이다. 매일 하나님과 동행하는 묵상하는 삶을 통해 하나님의 나라를 이루가길 소망한다.

책이 출판되기까지 수고해준 킹덤북스(Kingdom Books) 대표 윤상문 목사님과 묵삶 동역자들의 헌신과 기도에 감사를 드린다. 묵삶 119는 이분들의 응원의 산물이다.

마지막으로 내 삶의 가장 고마운 선물, 아내 혜승과 두 아들 모세 조수아에게 사랑을 전한다. 그리고 여기까지 내 삶을 인도하신 에벤에셀 주님께 모든 영광과 온전한 마음을 올려드린다.

가을 입구에서

김용주

목차

프롤로그 • 5

1부 묵상의 즐거움

1장 묵상과 복   17
2장 묵상과 마음   27
3장 묵상과 사모함   36
4장 묵상과 회복   44
5장 묵상과 즐거움   51

2부 묵상의 길

6장 묵상과 행함   61
7장 묵상과 위로   70
8장 묵상과 감사   77
9장 묵상과 고난   85
10장 묵상과 경외   93

3부 묵상의 열매

11장 묵상과 신실함   105
12장 묵상과 생각   113
13장 묵상과 명철   120
14장 묵상과 공의   128
15장 묵상과 소망   135

4부 묵상의 깊이

16장 묵상과 피곤   145
17장 묵상과 깨달음   153
18장 묵상과 영원함   161
19장 묵상과 새벽   168
20장 묵상과 기도   176

5부 묵상의 향연

21장 묵상과 큰 평안   187
22장 묵상과 찬양   195

에필로그 • 204

1부

묵상의 즐거움

1장 묵상과 복

2장 묵상과 마음

3장 묵상과 사모함

4장 묵상과 회복

5장 묵상과 즐거움

1장
묵상과 복

"1 행위가 온전하여 여호와의 율법을 따라 행하는 자들은 복이 있음이여. 2 여호와의 증거들을 지키고 전심으로 여호와를 구하는 자는 복이 있도다. 3 참으로 그들은 불의를 행하지 아니하고 주의 도를 행하는도다. 4 주께서 명령하사 주의 법도를 잘 지키게 하셨나이다. 5 내 길을 굳게 정하사 주의 율례를 지키게 하소서. 6 내가 주의 모든 계명에 주의할 때에는 부끄럽지 아니하리이다. 7 내가 주의 의로운 판단을 배울 때에는 정직한 마음으로 주께 감사하리이다. 8 내가 주의 율례들을 지키오리니 나를 아주 버리지 마옵소서"(시 119:1-8).

우리나라 선교 초창기에 알렌(H.N. Allen)과 언더우드(H.G. Underwood) 선교사보다 먼저 이 땅을 밟은 선교사가 있다. 1866년 26세의 젊은 나이에 미국 상선 제너럴셔먼호를 타고 대동강으로 들어온 영국의 토마스(R.J. Thomas, 1840-1866) 선교사이다. 당시 대원군의 쇄국정치로 인해 조선 조정은 이 배를 공격하여 침몰시켰다. 이로 인해 토마스 선교사는 침몰하는 배에서 뛰어내려 헤엄을 쳐서 대동강 변까지 나왔지만 조선 병사 박춘권에게 붙잡히게 된다. 죽음 직전, 토마스 선교사는 박춘권에게 성경을 건네주고 참수를 당해 순교하였다. 시간이 지나 박춘권은 성경을 읽고 예수를 믿게 된다.

   토마스 선교사는 순교하기 전에 여러 사람에게 성경을 나누어 주었는데, 그 중에 12살의 최치량에게 성경 3권을 주었다. 당시 성경은 조선 조정에 의해 금서로 묶여있었기 때문에 겁이 난 최치량은 평양성 관리였던 박영식에게 성경을 건네주었다. 최치량으로부터 성경을 건네받은 박영식은 무척 좋아했다고 한다. 왜냐하면 당시의 다른 어떤 책보다도 종이의 질이 좋았기 때문이다. 성경을 버리거나 불태우기가 아까웠던 그는 성경 3권을 뜯어서 자신의 방을 도배하는 데 사용하였다. 방을 도배하다보니 하루 종일 성경과 마주할 수밖에 없었다. 아침에 눈을 떠도 성경이 보이고, 밥을 먹을 때도 성경이 보였다. 이렇게 날마다 성경을 읽은 박영식은 마침내 예수님을 믿고 구원을 받게 된다. 게다가 더욱 감사한 것은 박영식의 집이 예배 처소로 쓰이게 되었는데, 이것이 바로 평양 최초의 교회인 널다리골 교회이다. 널다리골 교회는 성장하여 장대현 교회가 되고 이후 그 터 위에 더욱 큰 교회를 지었는데, 그것이 바로 1907년 평양대부흥 운동이 일어난 장대현 교회이다. 이와 같이 하나님의 말씀이 가는 곳에는 구원의 역사가 일어나며 기적이 일어난다. 이것이 진정한 복이다.

묵상하는 삶을 사는 사람은 복 있는 사람이다. 복 있는 사람은 참 행복한 사람이다. 복 있는 사람은 악을 분별하는 사람이다. 악을 분별하는 사람은 악을 이기는 사람이다. 죄와 싸워 이기는 사람이다. 죄와 타협하지 않는 사람이다. 말씀을 주야로 즐거워하고 묵상하는 사람이다.

> "복 있는 사람은 악인들의 꾀를 따르지 아니하며 죄인들의 길에 서지 아니하며 오만한 자들의 자리에 앉지 아니하고. 오직 여호와의 율법을 즐거워하여 그의 율법을 주야로 묵

상하는도다"(시 1:1-2).

하나님은 시편 시작부터 주야로 말씀을 묵상하는 자가 복 있는 사람이라고 말씀하신다. 왜 하나님은 주야로 말씀을 묵상하라고 하시는가? 말씀 묵상이 곧 하나님과 함께 하는 것이기 때문이다. 날마다 행하는 말씀 묵상을 통해서 우리의 삶은 하나님과 동행하고 있다는 흔적을 남긴다. 하나님은 언제나 우리와 함께 하길 원하신다.

성경에서 말하는 묵상이란 무슨 의미일까? '묵상하다'의 라틴어 meditari(메디타리)에 해당하는 헬라어 μελετώ(멜레토)는 '마음에 품다, 음미하다'라는 의미를 지닌다. "어떤 것을 작은 소리로 중얼거리다"라는 뜻의 히브리어 '하가'(הנה)에서 왔다. 한자인 묵상(默; 잠잠할 묵, 想; 생각할 상)의 뜻은 "눈을 감고 말없이 마음속으로 생각한다"이다.

복 있는 사람, 참 행복한 사람은 여호와의 율법을 즐거워하여 밤낮으로 묵상하고 온전히 행하는 사람이다. 온전하다'는 히브리어로 '타밈'(תמים)이라고 하는 데 그 뜻은 '오염되지 않는 상태'를 말한다. 우리 자신의 힘과 의지로는 오염되지 않은 상태인 타밈을 유지할 수 없다. 주님의 말씀을 즐거워하여 늘 마음속으로 생각하고 주야로 음미할 때 비로소 타밈은 유지된다.

복 있는 사람은 묵상하는 사람이다. 복 있는 사람은 주님의 말씀을 즐거워하여 밤낮으로 말씀을 생각한다. 뒤집어 말하면, 묵상하는 사람은 복 있는 사람이다. 그 사람의 삶이 그 이유를 말해 준다. 그가 하는 모든 일이 형통할 것이라는 주님의 약속을 이미 받은 사람이기 때문이다.

> "그는 시냇가에 심은 나무가 철을 따라 열매를 맺으며 그 잎사귀가 마르지 아니함 같으니 그가 하는 모든 일이 다 형통하리로다"(시 1:3).

급변하는 사회 속에서 조용하고 잠잠하게 말씀을 묵상하는 사람은 때때로 시대의 조류를 읽어내지 못하는 사람처럼 보인다. 화려한 것들이 주목을 끄는 인간관계 속에서 겉으로 드러나지 않는 마음을 말씀에 집중하는 사람은 고리타분한 사람으로 오해를 받기도 한다. 하나님을 모르는 사람들은 그렇게 오해를 할 수 있다 하더라도, 그리스도인들조차 이런 망상에 젖어서 '묵상하는 삶'을 버리고 '외식하는 삶'을 향해 질주하고 있는 현실을 볼 때 안타깝다.

묵상하는 삶을 버린 사람은 결코 시편(1:3)에 기록된 복을 누릴 수 없다. 약속의 말씀을 자신이 먼저 저버렸기 때문이다. 시냇가에 나무를 심지 않고 척박하고 메마른 땅에 부실한 나무를 심었기 때문에, 열매도 맺지 못한 채 그 잎들은 수시로 시들어 버릴 것이다. 이것은 말씀을 통해 부어지는 하나님의 은혜가 중단된 삶의 모습이다.

묵상하는 삶은 아무리 강조해도 지나치지 않다. 하나님의 뜻이요, 명령이기 때문이다. 묵상하는 삶을 살기로 선택했다면, 말씀묵상에 집중하기로 결단해야 한다. 말씀이 나의 삶을 '복되고 형통한 길'로 인도할 것을 믿는다면, 하나님께서 중요하게 여기시는 것을 무시해서는 안 된다. 그것은 교만한 마음의 증표일 뿐이다. 하나님은 자신의 말씀을 묵상하고 그것을 지켜 행하는 사람을 찾고 계신다.

> "이 율법 책을 네 입에서 떠나지 말게 하며 주야로 그것을 묵상하여 그 안에 기록된 대로 다 지켜 행하라 그리하면 네 길이 평탄하게 될 것이며 네가 형통하리라"(수 1:8).

여호수아서(1:8)를 읽다보면 시편(1:3) 말씀을 다시 옮겨 놓은 것 같은 착각이 든다. 두 곳의 말씀은 닮았다. 모든 그리스도인의 바람은 '형통한 삶'일 것이다. 안 풀리고 꽉 막힌 인생을 살고 싶은 사람은 없다. 분명 한 사람도 없다. 누구든지 잘 되고 평탄하며 형통하기를 원한다. 그런데 형통은 하나님만이 주실 수 있는 복이다. 하나님이 함께 할 때 형통의 복이 임하기 때문이다.

하나님과 함께 하는 삶이 형통한 삶이다. 형통의 사람, 요셉이 이를 증거하고 있다. 그는 범사에 하나님과 함께 하는 사람이었다. 그리고 그가 하는 모든 일은 범사에 형통하였다. 형통한 삶은 궁극적으로 하나님의 뜻을 이룬다. 요셉은 그의 모든 삶을 통하여 하나님을 뜻을 인정하고, 그분의 뜻을 이루었다. 예수님도 하나님의 뜻을 이루는 삶을 친히 우리에게 보여 주셨는데, 그것은 예수님이 늘 하나님과 함께 계셨기 때문이다.

"여호와께서 요셉과 함께 하시므로 그가 형통한 자가 되어 그의 주인 애굽 사람의 집에 있으니"(창 39:2).

"그의 주인이 여호와께서 그와 함께 하심을 보며 또 여호와께서 그의 범사에 형통하게 하심을 보았더라"(창 39:3).

"이는 여호와께서 요셉과 함께 하심이라 여호와께서 그를 범사에 형통하게 하셨더라"(창 39:23).

복 있는 사람은 주야로 말씀을 묵상하는 사람이며, 묵상하는 사람은 하나님이 함께 하셔서 범사에 형통한 삶을 산다. 이 땅에는 많은 소리가 있지만 하나님이 우리를 말씀 앞으로 부르는 소리만큼 간절한 소리는 없다. 자녀에게 전하고 싶은 아버지의 마음이 말씀 속에 절절히 녹아 있기 때문이다. 아버지의 마음을 읽은 자녀가 결국 아버지의 뜻을 이루어 드린다. 하나님 아버지의 뜻을 이루는 사람은 복이 있다.

1장　묵삶 실천 노트

묵상과 복 묵상하기

오늘 본문으로 일어나서 잠들기 전까지 묵상하고 기도하는 훈련을 합니다.

① 오늘 묵상을 위해 기도하기
② 오늘 묵상 본문 1절에서 8절까지 천천히 자신의 귀에 들리도록 7번 읽기
③ 감동이 오는 한 절이나 한 문장이나 단어 기록하기
④ 감동받은 말씀을 암송한 후 하루 종일 묵상하기
⑤ 하나님의 음성 듣고 기록하기
⑥ 삶에 적용하고 기록하기
⑦ 취침 전에 하루 묵상을 정리하고 기도하기

2 장
묵상과 마음

"9 청년이 무엇으로 그의 행실을 깨끗하게 하리이까 주의 말씀만 지킬 따름이니이다. 10 내가 전심으로 주를 찾았사오니 주의 계명에서 떠나지 말게 하소서. 11 내가 주께 범죄하지 아니하려 하여 주의 말씀을 내 마음에 두었나이다. 12 찬송을 받으실 주 여호와여 주의 율례들을 내게 가르치소서. 13 주의 입의 모든 규례들을 나의 입술로 선포하였으며. 14 내가 모든 재물을 즐거워함 같이 주의 증거들의 도를 즐거워하였나이다. 15 내가 주의 법도들을 작은 소리로 읊조리며 주의 길들에 주의하며. 16 주의 율례들을 즐거워하며 주의 말씀을 잊지 아니하리이다"(시 119:9-16).

인간은 죄성으로 인하여 부패해 버렸기 때문에 끊임없이 죄악을 향해 달려가는 존재이다. 인간은 누구나 죄의 유혹으로부터 자유롭지 못하다. 죄성은 인간의 전인격을 지배하고 있다. 이에 대해서 예레미야 선지자는 다음과 같이 증거한다.

"만물보다 거짓되고 심히 부패한 것은 마음이라 누가 능히 이를 알리요마는"(렘 17:9).

부패한 마음을 다스릴 수 있는 유일한 방법은 하나님의 말씀을 마음에 두는 것이다. 말씀을 마음에 깊이 간직하면 생각과 말과 행동이 바르게 변한다. 무엇보다 말씀으로 죄의 유혹을 이길 수 있다. 말씀은 인생의 참 소망이 되며, 말씀에 소망을 두는 인생은 깨끗한 행실의 본이 된다. 행실을 깨끗하게 하는 최선의 방법은 말씀을 마음에 두고 지키는 것이다.

"청년이 무엇으로 그 행실을 깨끗하게 하리이까 주의 말씀만 지킬 따름이니이다"(시 119:9).

여기서 '지키다'는 히브리어로 '쇠마르'(שמר)이다. 그 의미는 "온 마음을 다하여 주의 깊게 말씀을 준수하는 것"이다. 온 마음으로 지키기 위해서는 말씀을 마음속에 깊이 간직해야 한다. 깊이 간직하기 위해서는 말씀을 반복해서 묵상해야 한다. 거듭된 소의 되새김질이 완전한 소화에 이르게 하여 소를 이롭게 하는 것처럼 충분한 묵상은 묵상자의 마음을 지켜준다. 시편 119편 여러 곳에서 시인은 '작은 소리로 읊조린다'는 표현을 사용하고 있다. 읊조린다는 것은 반복적으로 묵상한다는 뜻이다.

> "내가 주의 법도들을 작은 소리로 읊조리며 주의 길들에 주의하며"(시 119:15).

> "고관들도 앉아서 나를 비방하였사오나 주의 종은 주의 율례들을 작은 소리로 읊조렸나이다"(시 119:23).

> "또 내가 사랑하는 주의 계명들을 향하여 내 손을 들고 주의 율례들을 작은 소리로 읊조리리이다"(시 119:48).

> "교만한 자들이 거짓으로 나를 엎드러뜨렸으니 그들이 수

치를 당하게 하소서 나는 주의 법도들을 작은 소리로 읊조리이다"(시 119:78).

"내가 주의 법을 어찌 그리 사랑하는지요 내가 그것을 종일 작은 소리로 읊조리나이다"(시 119:97).

"주의 말씀을 조용히 읊조리려고 내가 새벽녘에 눈을 떴나이다"(시 119:148).

말씀이 너무 좋은 나머지 반복해서 묵상하는 모습이다. 진정으로 좋아하는 것은 반복하고 싶어진다. 묵상이 좋아지면 새벽부터 묵상에 전념하게 되고, 종일 말씀을 생각하게 된다. 종일 묵상한 말씀은 마음 판에 새겨지고 더 깊이 뿌리를 내리며 뻗어 나간다. 이렇게 뿌리 내린 말씀은 평생 동안 삶에 유익을 가져다준다.

기도의 사람이며 고아의 아버지인 죠지 뮬러(G. Muller,

1805-1898)는 기도의 사람이기 이전에 말씀의 사람이었다. 그는 평생에 200번 이상이나 성경을 읽을 만큼 말씀을 사랑하는 사람이었다. 그는 66년간 영국의 고아 15만 명을 하나님의 말씀으로 돌보았다. 그가 책임자로 있었던 '성경연구원'을 통해 전 세계에 수천만 권의 성경이 보급되었다. 그뿐만 아니라 수백 명의 선교사를 지원하였고, 노년에는 전 세계를 다니면서 말씀을 전파하였다. 뮬러는 기도하기 전에 먼저 성경을 읽고 묵상하였다. 하나님의 확실한 말씀을 붙들고 기도하기 위해서였다. 말씀을 근거로 드려진 그의 기도에는 능력이 있었다. 말씀의 사람답게 뮬러는 자신의 평생 사명을 말씀 속에서 발견하는 행운도 얻었다. 그에게 사명을 일깨워 준 말씀은 이것이다.

"그의 거룩한 처소에 계신 하나님은 고아의 아버지시며 과부의 재판장이시라"(시 68:5).

그는 이 말씀을 읽는 순간 심장이 터질 것 같은 충격을 받았다. 그리고 '하나님은 고아의 아버지가 되신다.'는 이 말씀을 붙들고 고아원 사역을 시작했다. 이후에는 또 다른 한절의 말씀에 감동을 받았는데, 고아원 사역을 하는 동안 현장에서 일어나는 크고 작은 문제에 직면할 때마다, 이 말씀을 붙들고 기도함으로써 문제를 해결해 나갔다.

> "나는 너를 애굽 땅에서 인도하여 낸 여호와 네 하나님이니 네 입을 크게 열라 내가 채우리라"(시 81:10).

뮬러는 말씀에 의지하여 하나님께 기도하였고 브리스톨에 세계에서 가장 큰 고아원을 세웠다. 말씀을 마음 깊이 간직하였기에 말씀대로 이루어지는 복을 받았다. 그가 고아원을 운영하는 동안 수십 명의 아이들은 수백 명으로, 다시 수천 명으로, 이후에는 10만 명 이상으로 불어났지만, 한 번도 끼니를 굶었다는 기록이 없을 정도로 하나님은 고아들을 먹이시고 입히셨다. 실제로 뮬러는 기도응답이 지연될 때는 하늘을 향해 성경을 펼쳐 들고서 "하나님! 당신이 말씀하신 것이 이렇게 기록되어 있습니다!"라며 기록된 말씀을 근거로 하나님을 독촉(?)하고 응답을 받아 내었다고 한다. 하나님이 무슨 수로 자신의 말씀을 이토록 신뢰하는 사람에게 복을 미룰 수 있겠는가?

사람은 마음에 무엇을 간직하고 있느냐에 따라 행동이 달라진다. 마음 중심에 돈을 두고 있으면 돈을 쫓아 살 수밖에 없다. 마음 중심에 명예를 두고 있으면 명예를 위해 모든 것을 바치게 되어 있다. 본문에서 '두다'에 해당하는 히브리어 단어는 '차판'(צפן)으로 '비밀을 간직하다'라는 뜻을 지니고 있다. 말씀의 비밀을 마음에 간직한다는 의미이다.

> "내가 주께 범죄하지 아니하려 하여 주의 말씀을 내 마음에 두었나이다"(시 119:11).

기독교 고전인 천로역정의 저자 존 번연(J. Bunyan, 1628-1688)은 "성경은 당신을 죄에서 멀어지게 한다. 그렇지 않으면 죄가 당신을 성경에서 멀어지게 할 것이다"라고 하였다. 마음에 말씀을 간직하는 것이 얼마나 소중한가를 깨우치는 말이다. 마음에 무엇을 담느냐에 따라 우리의 삶은 달라진다.

2 장   묵 삶 실 천 노 트

묵상과 마음 묵상하기

오늘 본문으로 일어나서 잠들기 전까지 묵상하고 기도하는 훈련을 합니다.

① 오늘 묵상을 위해 기도하기
② 오늘 묵상 본문 9절에서 16절까지 천천히 자신의 귀에 들리도록 7번 읽기
③ 감동이 오는 한 절이나 한 문장이나 단어 기록하기
④ 감동받은 말씀을 암송한 후 하루 종일 묵상하기
⑤ 하나님의 음성 듣고 기록하기
⑥ 삶에 적용하고 기록하기
⑦ 취침 전에 하루 묵상을 정리하고 기도하기

3 장
묵상과 사모함

"¹⁷ 주의 종을 후대하여 살게 하소서 그리하시면 주의 말씀을 지키리이다. ¹⁸ 내 눈을 열어서 주의 율법에서 놀라운 것을 보게 하소서. ¹⁹나는 땅에서 나그네가 되었사오니 주의 계명들을 내게 숨기지 마소서. ²⁰ 주의 규례들을 항상 사모함으로 내 마음이 상하나이다. ²¹ 교만하여 저주를 받으며 주의 계명들에서 떠나는 자들을 주께서 꾸짖으셨나이다. ²² 내가 주의 교훈들을 지켰사오니 비방과 멸시를 내게서 떠나게 하소서. ²³ 고관들도 앉아서 나를 비방하였사오나 주의 종은 주의 율례들을 작은 소리로 읊조렸나이다. ²⁴ 주의 증거들은 나의 즐거움이요 나의 충고자니이다"(시 119:17-24).

19세기 미국을 깨운 말씀의 사람, 무디(D.L. Moody, 1837-1899)는 말씀에 대해서 이렇게 말했다. "성경은 읽는 사람으로 하여금 죄 가운데 들어가지 않도록 해 줍니다. 그러나 성경을 읽지 않을 때, 죄는 사람으로 하여금 성경 속으로 들어가지 못하도록 합니다. 성경은 우리를 생명으로 인도해 주는 안내자일

뿐만 아니라, 천국 길을 가르쳐 주는 영혼의 나침반입니다."

말씀을 사모하여 영적인 눈이 뜨이면 악을 분별하여 범죄하지 않게 된다. 복 있는 사람은 말씀을 사모하여 날마다 묵상하는 사람이며, 묵상을 통하여 말씀에 눈이 열린 사람이다. 시편 119편 전체를 하루에 한 번씩 낭독하다 보면 마음 깊은 곳에서 말씀에 대한 사모함이 솟구친다. 묵상하는 사람의 기본자세는 사모함이다. 사모하는 마음은 말씀이라는 값진 보화를 캐내는 데 있어서 가장 훌륭한 도구이다.

"내가 주의 법도들을 사모하였사오니 주의 의로 나를 살게 하소서"(시 119:40).

"내가 주의 계명들을 사모하므로 내가 입을 열고 헐떡였나이다"(시 119:131).

"여호와여 내가 주의 구원을 사모하였사오며 주의 율법을 즐거워하나이다"(시 119:174).

　18세기 미국의 영적 대각성 운동을 주도했던 조나단 에드워즈(J. Edwards, 1703-1758)는 청소년 시기부터 매일 일기와 함께 결심문을 기록하였다. 1723년 8월 13일, 당시 나이 20세에 그는 다음과 같은 글을 일기장에 남겼다. "성경을 철저히 아는 일이 내 인생에 얼마나 큰 도전이 되는지 모른다." 그는 결심문 28번에는 이렇게 기록했다. "하나님의 말씀인 성경을 날마다 성실하게 지속적으로 읽고 묵상하자. 그렇게 해서 진리를 깨닫고 성경을 바탕으로 자라 가자."
　말씀의 사람이 되는 것은 하루아침에 이루어지지 않는다. 매일매일 사모함으로 말씀을 읽고 묵상하는 것이 습관이 될 때 비로소 삶을 통해 자연스럽게 나타난다. 기간은 사람에 따라 다르다. 분명한 것은 말씀을 얼마나 사모하느냐에 달려있다.

　　"주의 규례들을 항상 사모함으로 내 마음이 상하나이다"(시

119:20).

'상하다'는 히브리어로 '까라스'(גרס)이다. 그 의미는 '마음이 갈기갈기 찢어지는 것 같은 애절함'을 말한다. 말씀을 너무 사모하여 마음이 찢어질 것처럼 견디기 어렵고 애가 타는 상태를 표현한 것이다. 말씀을 사모하면 마음 깊은 곳에서 갈급함이 일어난다. 사람은 영원히 목마르지 않는 생수가 되는 말씀을 찾기에 갈급해야 한다. 말씀을 묵상하지 않고는 하루 생활 속에서 그 어떤 것도 할 수 없다는 절박함이 있어야 한다.

나에게는 매일 성경의 순서대로 한 장씩 묵상하는 것이 하루의 시작이자 마침이 되었다. 신구약 성경 총 1,189장을 순서대로 매일 한 장씩 반복해서 읽고 묵상한다. 그리고 마음에 깊이 감동이 되는 구절 말씀은 하루 종일 묵상하는 일을 즐긴다. 신구약 전체를 한 장씩 묵상하면 3년 3개월이 소요된다. 한 장을 3번, 7번, 10번 반복해서 읽으면 읽을수록 묵상은 더욱 깊어진다. 왜냐하면 말씀에 대한 사모함이 내면 가운데서 솟아오르기 때문이다.

나에게는 두 아들이 있다. 두 아이가 한글을 떼기 전까지는 주로 아내가 성경을 읽어 주었다. 그들이 한글을 떼고 따박따박 동화책을 읽기 시작하자, 아내는 어린이 성경 2권을 구입하여 두 아들과 함께 본격적인 성경 읽기를 시작하였다. 처음 1년 동안은 말씀에 대한 예행연습을 하는 차원에서 잠언과 시편을 가지고 묵상을 했다. 매일 한 장씩 말씀을 읽고 감동을 받은 한 절을 묵상노트에 기록한 후 각자 깨달은 것을 두 아이와 서로 나누었다. 그리고 그 말씀에 기초하여 기도제목까지 찾아서 노트에 남기고 기도했다.

시간이 흐르자 아이들이 성경 속에 나오는 어려운 단어들을 써가며 기도를 하고, 말씀에서 벗어난 행동을 하면 서로를 충고하기도 해서 웃었던 기억이 난다. 두 아이가 잠언과 시편을 1년간 반복하고 성경 전체를 일독하는 데까지는 4년이 넘는 시간이 걸렸다. 그러는 사이 아이들의 묵상노트도 20여권을 넘겼다. 아내의 말에 의하면 캠퍼스에서 묵상을 하던 날, 성경과 묵상노트가 들어있던 가방을 도둑맞지 않았더라면 하루도 빠지지 않은 묵상기록을 아이들이 가질 수 있었을 거라고 한다. 물론 그날 기도제목은 "가방을 가져간 사람이 어린이 성경책 2권과 2권의 묵상노트를 발견하고 예수님을 잘 믿는 사람이 되게 해 달라."는 거였다.

연년생 두 아들을 키우다보니 남들이 다 겪는 위험한 일과 고비를 우리 부부도 동일하게 겪었다. 현재 그들은 질풍노도의 청소년기를 한창 통과하고 있다. 여전히 실수하고 때론 지혜가 부족하여 부모인 우리를 조바심 나게 하지만, 그들의 심령이 강퍅하다는 답답함은 들지 않는다. 모두 말씀의 은혜라고 믿고 있다. 부모의 훈계를 받아 드릴 줄 알아서 감사하고, 무엇보다 하나님의 말씀을 주의 깊게 생각하는 경험을 어린 시절에 했다는 것에 위안을 삼는다.

나는 두 아들에게 자신들의 어머니 아버지가 '말씀을 사모하는 사람'이었다는 것을 기억 속에 심어주고 싶었다. 그리고 그들도 말씀에 대하여 동일한 마음을 가지기를 원하는 마음에서 묵상의 씨앗을 뿌렸다. 지금은 주일에 가족이 둘러 앉아 말씀을 읽고 서로 묵상한 내용을 나누고 있다.

네비게이토 창시자 도슨 트로트맨(D. Trotman, 1906-1956)은 말씀에 쏟은 시간의 가치에 대하여 다음과 같이 말하였다. "하나님의 말씀을 마음 판에 새기는 데 투자한 시간보다 더 많은 이익 배당을 주는 것은 아무것도 없다." 공감하는가? 사람은 누구나 투자한 것에 비해 더 많은 수확을 거두고 싶어 한다. 그런데 말씀을 마음 판에 새기는 데 투자한 시간이 가장 많은 수확을 거두게 해준다는 것이다.

말씀을 사모하면 말씀이 마음 판에 더 섬세하게 새겨진다. 잘 새겨진 말씀은 인생의 고난을 이기게 하는 진정한 힘이 되며 삶을 회복시키는 원동력이 된다. 인생의 깊은 고난 가운데 있을 때 말씀보다 더 큰 위로는 없기 때문이다.

> "이 말씀은 나의 고난 중의 위로라 주의 말씀이 나를 살리셨기 때문이니이다"(시 119:50).

3장 묵삶 실천 노트

묵상과 사모함 묵상하기

오늘 본문으로 일어나서 잠들기 전까지 묵상하고 기도하는 훈련을 합니다.

① 오늘 묵상을 위해 기도하기
② 오늘 묵상 본문 17절에서 24절까지 천천히 자신의 귀에 들리도록 7번 읽기
③ 감동이 오는 한 절이나 한 문장이나 단어 기록하기
④ 감동받은 말씀을 암송한 후 하루 종일 묵상하기
⑤ 하나님의 음성 듣고 기록하기
⑥ 삶에 적용하고 기록하기
⑦ 취침 전에 하루 묵상을 정리하고 기도하기

4 장
묵상과 회복

"²⁵ 내 영혼이 진토에 붙었사오니 주의 말씀대로 나를 살아나게 하소서. ²⁶ 내가 나의 행위를 아뢰매 주께서 내게 응답하셨사오니 주의 율례들을 내게 가르치소서. ²⁷ 나에게 주의 법도들의 길을 깨닫게 하여 주소서 그리하시면 내가 주의 기이한 일들을 작은 소리로 읊조리리이다. ²⁸ 나의 영혼이 눌림으로 말미암아 녹사오니 주의 말씀대로 나를 세우소서. ²⁹ 거짓 행위를 내게서 떠나게 하시고 주의 법을 내게 은혜로이 베푸소서. ³⁰ 내가 성실한 길을 택하고 주의 규례들을 내 앞에 두었나이다. ³¹ 내가 주의 증거들에 매달렸사오니 여호와여 내가 수치를 당하지 말게 하소서. ³² 주께서 내 마음을 넓히시면 내가 주의 계명들의 길로 달려가리이다"(시 119:25-32).

아프리카 스와힐리족 사람들에게는 '사사'(sasa. 현재)와 '자마니'(zamani. 과거)라는 독특한 시간 개념이 있다. 누군가가 죽었더라도 그를 기억하고 있는 한, 그는 여전히 '사사'의 시간에서 살아있는 것으로 간주한다. 하지만 그를 기억하던 사람들마저 모두 죽어 버려서 더 이상 기억해 줄 사람이 없게 되면, 이때 비로소 그 죽은 이는 영원한 침묵의 시간 '자마니'의 시간으로 들어가는 것이다. 인생을 살다 보면 죽음의 시간을 지나는 것 같은 고난의 시간들을 경험하게 된다. 문제는 하나님을 향해 지푸라기라도 잡는 심정의 믿음까지도 사라진다면, '자마니'의 시간처럼 '완전히 죽은 자'가 되는 것이다.

본문에서 영혼이 진토에 붙었다는 말은 무엇을 의미할까? 진토에 해당하는 히브리어 '아파르'(עפר)는 티끌, 흙이라는 뜻이다. 이것은 무덤, 지옥을 상징한다. 그러므로 이 말은 자신의 영혼이 한줌의 흙이 되었다는 의미이다.

> "내 영혼이 진토에 붙었사오니 주의 말씀대로 나를 살아나게 하소서"(시 119:25).

시인은 죽음이 바로 눈앞에 다가오는 고통을 경험하고 있지만, 자신이 회복되어 살 길은 오직 주님의 말씀 밖에 없다는 것을 기억하고 있다. '주님마저 나를 잊어버리면 나는 영원히 죽은 자가 되어 자마니의 시간 속으로 떨어지게 되었으니, 부디 나를 기억해 달라.'고 몸부림치고 있다. 현대인의 성경은 같은 말씀을 이렇게 표현하고 있다.

"내가 완전히 낙심하여 죽게 되었습니다. 주의 말씀으로 나를 새롭게 하소서"(시 119:25, 현대인의 성경).

하나님은 말씀이시다. 말씀이신 하나님께서는 능히 다시 살리실 수 있는 권능을 가지고 계신다. 말씀 가운데 우리의 영혼을 맡길 때 영이 다시 살아나는 은혜를 맛볼 수 있다. 말씀에 우리 자신을 맡기는 것은 하나님께 맡기는 것이다.

"나의 영혼이 눌림으로 말미암아 녹사오니 주의 말씀대로 나를 세우소서"(시 119:28).

'녹는다'는 히브리어로 '달라프'(דלף)이다. 그 의미는 "마음을 아프게 하는 심한 고통과 고난으로 인해 계속해서 마음속으로 흘리는 눈물"을 말한다. 인생의 주권은 하나님께 있다. 주인된 권리를 가지신 분 앞에서는 커다란 사건뿐만 아니라 사사로운 감정까지도 모두 토해내고 긍휼과 사랑을 간청할 수 있다. 불쌍히 여겨달라고 간구할 수 있다. 고난 중에 당하는 고통을 토해 낼 때, 위로가 임하고 회복을 경험할 수 있다. 인생의 깊은 눌림을 회복시킬 수 있는 하나님의 말씀이 나를 가르치시기 때문이다.

묵상하는 사람은 인생의 어떤 위기가 다가와도 이겨 나갈 수 있는 힘이 있다. 수시로 말씀을 가까이 하면서 축적된 에너지가 위기를 만나면 그 진가를 드러낸다. 묵상한다는 것은 말씀에 매달리는 것이다. 위기에 직면한 인간은 본능적으로 무언가에 매달리게 되어 있다. 그리스도인은 말씀에 매달려 사는 사람이다. 말씀에 매달리는 사람은 분명 주님의 돕는 손길을 맛본다.

"내가 주의 증거들에 매달렸사오니 여호와여 내가 수치를 당하지 말게 하소서"(시 119:31).

'매달리다'는 히브리어로 '따바크'(דבק)이다. "아교를 바른 어떤 물건이 다른 물건에 완전히 달라붙는 것"을 말한다. 하나님의 말씀에 딱 달라붙어 서로 뗄 수 없는 관계가 되기를 갈망하는 것이다. 하나님은 모세를 통하여서도 말씀에 달라붙어 있는 것이 얼마나 중요한지 말씀하셨다.

"내가 너희에게 명령하는 말을 너희는 가감하지 말고 내가 너희에게 내리는 너희 하나님 여호와의 명령을 지키라. 여호와께서 바알브올의 일로 말미암아 행하신 바를 너희가 눈으로 보았거니와 바알브올을 따른 모든 사람을 너희의 하나님 여호와께서 너희 가운데에서 멸망시키셨으되. 오직 너희는 하나님 여호와께 붙어 떠나지 않은 너희는 오늘까지 다 생존하였느니라"(신 4:2-4).

우상 바알브올을 따르지 않고 하나님께 붙어 있는 이스라엘 백성들은 생존하였다. 하나님께 붙어 있었다는 것은 하나님의 말씀대로 순종하였다는 것을 말한다. 사람은 자신의 죄성으로 인하여 미련한 것을 먼저 택하는 성향이 있다. 그러므로 죄성으로부터 벗어나기 위해서는 말씀에 붙어 있어야 한다. 말씀에 잘 붙어 있기 위해서는 매일 말씀을 가까이 하고 수시로 묵상하는 길 외에 다른 방도는 없다. 쉬운 방법을 찾으려고 애쓰지 마라. 말씀으로 이기는 것이 가장 쉽고 지혜로운 방법이다.

그리스도인이 진정 생명을 걸어야 하는 일은 매일 말씀과 함께 하는 삶이다. 묵상하기를 쉬지 말아야 한다. 삶을 행복하게 만드는 길은 말씀 속에서 하나님의 음성을 듣고 날마다 회복을 경험하는 것이다.

4장   묵 삶 실 천 노 트

묵상과 회복 묵상하기

오늘 본문으로 일어나서 잠들기 전까지 묵상하고 기도하는 훈련을 합니다.

① 오늘 묵상을 위해 기도하기
② 오늘 묵상 본문 25절에서 32절까지 천천히 자신의 귀에 들리도록 7번 읽기
③ 감동이 오는 한 절이나 한 문장이나 단어 기록하기
④ 감동받은 말씀을 암송한 후 하루 종일 묵상하기
⑤ 하나님의 음성 듣고 기록하기
⑥ 삶에 적용하고 기록하기
⑦ 취침 전에 하루 묵상을 정리하고 기도하기

5 장
묵상과 즐거움

"³³ 여호와여 주의 율례들의 도를 내게 가르치소서 내가 끝까지 지키리이다. ³⁴ 나로 하여금 깨닫게 하여 주소서 내가 주의 법을 준행하며 전심으로 지키리이다. ³⁵ 나로 하여금 주의 계명들의 길로 행하게 하소서 내가 이를 즐거워함이니이다. ³⁶ 내 마음을 주의 증거들에게 향하게 하시고 탐욕으로 향하지 말게 하소서. ³⁷ 내 눈을 돌이켜 허탄한 것을 보지 말게 하시고 주의 길에서 나를 살아나게 하소서. ³⁸ 주를 경외하게 하는 주의 말씀을 주의 종에게 세우소서. ³⁹ 내가 두려워하는 비방을 내게서 떠나게 하소서 주의 규례들은 선하심이니이다. ⁴⁰ 내가 주의 법도들을 사모하였사오니 주의 의로 나를 살아나게 하소서"(시 119:33-40).

언젠가 영국의 한 신문사에서 독자들을 대상으로 이색적인 공모를 하였다. '영국의 북쪽 끝에 있는 섬에서 런던까지 가장 빨리 가는 방법은 무엇인가?'였다. 당시에 1천 파운드의 상금도 내걸렸다. 독자들은 비행기, 기차, 쾌속선, 모터사이클, 자동차 등 이용 가능한 모든 교통수단을 답으로 내놓았다.

그러나 1등은 전혀 예상치 못한 답을 제시한 사람에게 돌아갔다. 바로 '좋은 친구와 함께 가는 것'이 1등으로 채택된 것이다. 가장 빨리 가는 방법과 좋은 친구와 함께 가는 것과는 무슨 연관이 있을까?

좋아하는 친구와 함께라면 어떤 힘들고 긴 여행이라고 할지라도 즐겁게 갈 수 있으니 지루하지 않을 거라는 의미이다. 당연히 즐거운 여행은 짧게 느껴지는 법이다. 다른 사람들은 물리적인 시간을 단축하는 방법을 문제 해결의 실마리로 찾았지만, 1등에 당첨된 사람은 심리적으로 느끼는 시간의 길이를 줄이는 방법으로 해답을 찾은 것이 차이점이라 하겠다.

우리는 100세 시대를 살고 있다. 인생은 쏜살같이 지나간다고 하지만 100년은 결코 짧은 시간이 아니다. 죽음 앞에서야 삶이 너무 빠르게 지나갔다고 아쉬워하는 것이 당연하지만, 매일매일 100년 가까이를 살아가야 하는 삶의 시간은 때때로 영혼과 육체를 지치게 만들고 본향을 사모하게 만들 것이다.

아득하고 멀게 느껴지는 인생길에서 지쳐 있을 때 좋은 친구는 동반자가 되어 준다. 배우자, 학창시절의 벗들이, 신앙 안에서 만난 형제자매가 좋은 동반자가 되어 준다면 그는 행복한 사람이다. 하지만 누구보다도 말씀을 동반자로 삼아 살아가는 인생은 복되고 복되다. 엠마오로 가는 제자들처럼 예수님과 함께 걷는 기회를 얻었기 때문이다.

그 당시 예수님과 함께 길을 걷던 제자들에게는 남모르는 고민이 있었다. 희망은 사라지고 마음 둘 곳이 없어서 머리를 숙이고 땅만 보고 걷고 있었다. 앞으로 어떻게 살아가야 하나 한숨 지으며 걷고 있을 때 예수님의 평안과 위로가 그들에게 임했다. 본인들은 알아채지 못했지만 그들은 실재로 말씀이신 예수님과 동행하다가 근심하던 문제에서 벗어나 샬롬의 은혜를 덧입었다.

그리스도인에게 가장 좋은 친구는 예수님이다. 예수님은 태초부터 하나님과 함께 계셨고, 모든 것은 예수님으로 말미암아 창조되었으며 그분으로부터 생명을 얻었다. 우리에게 생명을 주신 그분이 육신이 되어 우리 가운데 거하신다니 놀랍지 않은가.

"말씀이 육신이 되어 우리 가운데 거하시매"(요 1:14).

예수님은 말씀이시다. 말씀이신 하나님이 육체를 입고 우리 가운데 오셔서 친구가 되어 주셨다. 말씀은 가장 좋은 친구이자 영원히 함께 하는 삶의 인도자이다. 사람은 변한다 해도 말씀이신 예수님은 일점일획도 변하지 않는 신실함으로 삶의 여정에 동행해 주신다.

좋은 친구를 만나서 함께 시간을 보내는 것이 즐겁고 행복한 것처럼, 말씀과 친구하는 사람은 내면 깊은 곳에서 즐거움이 솟아오른다. 주님의 말씀이 영혼을 다스리시고 사람이 가진 근본 문제를 해결해 주시기 때문이다. 말씀이신 주님께서 십자가에서 피를 흘리심으로 사람이 영원히 해결할 수 없는 문제를 해결하시고 구원의 길을 열어 주셨다. 죄의 노예가 아니라 말씀 안에서 영원한 자유인으로 살 길을 마련해 주셨다. 그러기에 주의 증거와 계명은 마음에 영원한 기쁨과 즐거움을 가져다준다.

"주의 증거들로 내가 영원히 나의 기업을 삼았사오니 이는 내 마음의 즐거움이 됨이니이다"(시 119:111).

"나로 하여금 주의 계명들의 길로 행하게 하소서 내가 이를 즐거워함이니이다"(시 119:35).

시편에는 하나님의 사람 모세의 시가 유일하게 한 편 기록되어 있다. 거기에는 누구보다 다양한 인생을 경험한 모세의 진심이 드러나 있다. 사람의 연수가 칠십이요 강건하면 팔십이지만 그 연수의 자랑은 수고와 슬픔뿐이니 일생 동안 희락을 허락해 달라고 간청하는 모습이다. 위대한 인생의 주인공이지만 주님 앞에서는 연약한 인간 본연의 모습을 보는 듯하여 연민의 감정과 함께 동질감이 느껴진다. 고통과 시련뿐인 인생만 있다고 상상해 보라. 모든 걸 체념한 채 웅크리고 앉아서 소망의 불씨조차 꺼버릴 것이다. 기쁘고 즐거운 인생이 얼마나 소중한지 금방 피부로 느낄 수 있다.

> "아침에 주의 인자하심이 우리를 만족하게 하사 우리를 일생동안 즐겁고 기쁘게 하소서"(시 90:14).

하루를 시작하는 아침에 주님의 사랑으로 채워진다면 한 날을 즐겁게 살아가기에 충분하다. 한 날 한 날은 누적되어 일생이라는 긴 세월을 만든다. 긴 세월을 살아온 모세는 주님을 사랑하고 말씀으로 충만하여 하루하루 만족을 누리며 사는 인생이 소중하다는 것을 우리에게 일깨워 주고 있다. 대단하고 허황된 것에서 만족을 찾지 말고 주님과 동행하는 평범한 일상에서 즐거움을 누리라는 뜻이다. 전도서에 담긴 솔로몬의 마음이 오버랩 되는 부분이다.

5장 묵 삶 실 천 노 트

묵상과 즐거움 묵상하기

오늘 본문으로 일어나서 잠들기 전까지 묵상하고 기도하는 훈련을 합니다.

① 오늘 묵상을 위해 기도하기
② 오늘 묵상 본문 33절에서 40절까지 천천히 자신의 귀에 들리도록 7번 읽기
③ 감동이 오는 한 절이나 한 문장이나 단어 기록하기
④ 감동받은 말씀을 암송한 후 하루 종일 묵상하기
⑤ 하나님의 음성 듣고 기록하기
⑥ 삶에 적용하고 기록하기
⑦ 취침 전에 하루 묵상을 정리하고 기도하기

2부

묵상의 길

6장 묵상과 행함

7장 묵상과 위로

8장 묵상과 감사

9장 묵상과 고난

10장 묵상과 경외

6 장
묵상과 행함

"⁴¹ 여호와여 주의 말씀대로 주의 인자하심과 주의 구원을 내게 임하게 하소서. ⁴² 그리하시면 내가 나를 비방하는 자들에게 대답할 말이 있사오리니 내가 주의 말씀을 의지함이니이다. ⁴³ 진리의 말씀이 내 입에서 조금도 떠나지 말게 하소서 내가 주의 규례를 바랐음이니이다. ⁴⁴ 내가 주의 율법을 항상 지키리이다 영원히 지키리이다. ⁴⁵ 내가 주의 법도들을 구하였사오니 자유롭게 걸어갈 것이오며. ⁴⁶ 또 왕들 앞에서 주의 교훈들을 말할 때에 수치를 당하지 아니하겠사오며. ⁴⁷ 내가 사랑하는 주의 계명들을 스스로 즐거워하며. ⁴⁸ 또 내가 사랑하는 주의 계명들을 향하여 내 손을 들고 주의 율례들을 작은 소리로 읊조리리이다"(시 119:41-48).

묵상은 행함으로 열매를 볼 수 있다. 행함이 없는 믿음이 죽은 믿음인 것처럼 행함이 수반되지 않는 묵상은 죽은 묵상이다. 말씀 묵상을 통하여 하나님의 음성을 들었으면 이를 소멸시키지 말고 자연스럽게 행함으로 이어가야 한다.

> "내가 주의 율법을 항상 지키리이다 영원히 지키리이다"(시 119:44).

6·25 전쟁 당시 폐허가 된 한국에 많은 타국 선교사들이 들어와서 헌신을 했다. 특히 61세의 늦은 나이임에도 불구하고 미국의 여의사인 레나 벨 로빈슨((L.B. Robinson) 선교사는 한국에 들어와 간질병을 치료하는 데 전념했다. 그녀는 90세까지도 건강하게 우리나라 곳곳을 다니면서 열정적으로 의료선교 활동을 하였다. 고령의 나이에도 활력 넘치는 선교사역을 펼칠 수 있었던 근원은 그녀가 매일 새벽에 행했던 말씀 묵상에 있었다. 그녀는 하루도 거르지 않고 새벽 4시부터 8시까지, 4시간 동안을 말씀 묵상에 매달렸다. 다음은 그녀가 행한 묵상 방법이다.

> "난 이렇게 묵상해요. 먼저 성경 본문을 죽 읽지요. 물론 말씀은 항상 읽어요. 하나님 말씀은 아무리 읽어도 충분치 않아 그저 읽고 또 읽고 싶어요. 하지만 묵상할 때에는 한 구절

만 묵상합니다. 연결되어 있다면 두 구절도 가능하고요. 난 주님께 이 성경 구절을 통해 내게 개인적으로 하시고 싶은 말씀이 있는지 묻습니다. 주님의 음성을 듣고, 그 다음에는 순종하지요."

로빈슨 선교사는 매일 행하는 말씀 묵상의 힘으로 90세까지도 건강하게 한국 전역을 다니면서 간질 환자들을 돌보고 전도할 수 있었다. 그녀는 90세에도 강건하여 한국에서의 선교활동을 계속하고자 했으나, 미국 선교부의 요청으로 어쩔 수 없이 돌아가야만 했다. 그 후에도 강건함을 유지하던 그녀는 100세가 되던 10년 후 또다시 한국을 방문하여 한국 교회와 성도들에게 큰 도전을 주었다. 이것은 묵상의 저력을 보여주는 실례이다. 또한 그녀의 삶이 역동적이고 생명력이 넘치게 된 배경에는 말씀을 묵상하는 데에만 그치지 않고 그것을 실행함으로써 순종했다는데 있다는 것을 주목해야 한다. 묵상과 행함은 동전의 양면처럼 분리될 수 없다. 함께 갈 때 진정한 힘이 드러난다.

하나님은 매일 신실하게 묵상하는 사람에게 은혜와 사랑을 부어주신다. 하나님과 사랑의 바탕 위에서 친밀한 관계를 이루어가는 것이 묵상이다. 매일매일 주고받는 하나님과의 친밀함 없이 온전한 그리스도인의 삶을 산다는 것은 어불성설이다. 묵상을 통한 하나님과의 친밀함이 결여된 삶은, 비록 하나님을 믿는다고 할지라도 그저 형식적인 신앙인의 모습일 수밖에 없다. 온전한 그리스도인의 삶은 하나님과의 친밀한 관계에서부터 시작된다.

묵상은 하나님의 뜻대로 살기 위해 하는 것이다. 묵상이 깊어지면 하나님의 마음을 더 깊이 알 수 있다. 하나님의 마음을 알면 하나님의 뜻대로 행하는 삶을 살게 된다. 또한 묵상을 하면 할수록 하나님을 사랑하는 사람이 된다. 말씀을 사랑하는 것은 말씀이신 주님을 사랑하는 것이다.

"내가 사랑하는 주의 계명들을 스스로 즐거워하며, 또 내가 사랑하는 주의 계명들을 향하여 내 손을 들고 주의 율례들을 작은 소리로 읊조리리이다"(시 119:47-48).

　내가 사는 대전은 자전거 전용도로가 잘 정비되어 있다. 한때는 오전에 자전거 도로가 잘 보이는 공원의 언덕 나무 아래에서 묵상을 했다. 날마다 정해진 시간에 묵상을 하다보면, 날마다 동일한 시간에 자전거를 타는 사람들을 만나게 된다. 이 사람들은 계절에 관계없이 날마다 동일한 시간에 자전거를 타는 사람들이다. 그들은 자전거 타기를 지극히 사랑하는 사람들이다. 사랑하지 않고는 매일 한결 같이 성실하게 자전거를 탈 수 없다. 맑은 날에도, 흐린 날에도 그들은 힘차게 달린다, 눈과 비가 오는 날에도 그들의 열정과 도전은 멈추지 않는다. 생명이 없는 자전거에 대한 집념도 저리 강한데 생명 되신 말씀을 사랑하는 우리의 자세는 더 해야 하지 않을까. 말씀을 사랑하게 되면 마치 자전거 타기를 사랑하기에 날마다 자전거 타기를 즐기는 사람들처럼, 멈추지 않고 즐겁게 묵상의 자리로 나아갈 수 있다.

말씀은 영혼의 양식이다. 날마다 육체의 건강을 위해 음식을 섭취하듯이, 영의 건강을 위해서는 말씀을 지속적으로 섭취해야 한다. 매일 말씀을 먹지 않고 믿음의 삶을 산다는 것은 무장해제 된 채 전쟁터에 나가는 군인과도 같다. 기필코 싸워서 승리하겠다는 의욕을 저버린 채 패배하기로 작정하고 싸움터로 가는 경우와 다름없다. 삶의 현장에서 여러 모양으로 만나게 되는 영적 전투에서 승리하기 위해서는 말씀의 무기가 반드시 필요하다. 말씀의 전신갑주로 완전무장을 하고 나면 영적 전투 현장에서 행해지는 크고 작은 계략을 파쇄할 수 있다.

말씀을 즐거워하고 그 말씀대로 지켜 행하는 것이 기쁘다면, 그는 행복한 그리스도인이다. 주님의 사랑받는 자이기 때문이다. 누군가와 사랑에 빠지면 그 사람이 하는 모든 말에 귀를 기울이고 싶어진다. 그 사람을 기쁘게 할 수만 있다면, 어떤 어려움을 감수하고서라도 상대가 말하는 것을 이루어주고 싶은 마음이 생긴다. 사랑하면 상대방이 기뻐하는 것이 곧 나의 기쁨이기 때문이다. 예수님은 우리가 예수님을 사랑하는지 아닌지를

'이것'으로 나타내라고 간결하게 말씀하신다. 바로 계명을 지키는 여부이다.

"너희가 나를 사랑하면 나의 계명을 지키라"(요 14:15).

예수님을 사랑하면 그분의 계명을 지킨다. 예수님을 사랑한다는 것은, 말을 통해서가 아니라 예수님의 계명을 지키는 행함을 통해서 진짜인지 가짜인지 가려진다. 말씀을 지키고 행함으로 나타내는 사람을, 예수님은 '나의 친구'라고 부른다.

"너희는 내가 명하는 대로 행하면 곧 나의 친구라"(요 15:14).

그 사람은 더 이상 죄의 종으로 살지 않아도 된다. 예수님의 친구가 되었기 때문이다. 주인이 무엇을 하는지 알아보려고 기웃거리지 않아도 된다. 친구가 되어 주신 예수님이 하나님 아버지에게서 들은 모든 것을 알려주시기 때문이다. 이것은 예수님의 마음을 헤아리고 그 말씀에 귀를 기울인 결과 받은 복이다.

"말씀을 듣고 지키는 자가 복이 있느니라"(눅 11:28).

사랑하면 상대방의 소리에 귀를 기울인다. 그리고 상대방의 소원을 이루어주고 싶어진다. 예수님을 사랑하면 '말씀을 듣고 지키라.'는 예수님의 소원이 나의 소원이 된다.

6 장 묵삶 실천 노트

묵상과 행함 묵상하기

오늘 본문으로 일어나서 잠들기 전까지 묵상하고 기도하는 훈련을 합니다.

① 오늘 묵상을 위해 기도하기
② 오늘 묵상 본문 41절에서 48절까지 천천히 자신의 귀에 들리도록 7번 읽기
③ 감동이 오는 한 절이나 한 문장이나 단어 기록하기
④ 감동받은 말씀을 암송한 후 하루 종일 묵상하기
⑤ 하나님의 음성 듣고 기록하기
⑥ 삶에 적용하고 기록하기
⑦ 취침 전에 하루 묵상을 정리하고 기도하기

7 장
묵상과 위로

"⁴⁹ 주의 종에게 하신 말씀을 기억하소서 주께서 내게 소망을 가지게 하셨나이다. ⁵⁰ 이 말씀은 나의 고난 중의 위로라 주의 말씀이 나를 살리셨기 때문이니이다. ⁵¹ 교만한 자들이 나를 심히 조롱하였어도 나는 주의 법을 떠나지 아니하였나이다. ⁵² 여호와여 주의 옛 규례들을 내가 기억하고 스스로 위로하였나이다. ⁵³ 주의 율법을 버린 악인들로 말미암아 내가 맹렬한 분노에 사로잡혔나이다. ⁵⁴ 내가 나그네 된 집에서 주의 율례들이 나의 노래가 되었나이다. ⁵⁵ 여호와여 내가 밤에 주의 이름을 기억하고 주의 법을 지켰나이다. ⁵⁶ 내 소유는 이것이니 곧 주의 법도들을 지킨 것이니이다"(시 119:49-56).

사람은 살아가면서 누구나 위기를 만나게 된다. 위기에 처하게 되면 가장 필요한 것이 위로이다. 위로를 받으면 다시 살아갈 수 있는 새 힘을 얻는다. 위로는 보약과 같은 것이다. 간신히 버티고 있는 육체와 정신에 신선한 기운을 제공한다. 힘든 세상사에서 사람이 위로를 받지 못하고 살아간다면, 그의 육체와 정신은 메말라 병들어 버리고 말 것이다. 사람은 위로를 주고받으며 살아가게끔 지음 받은 존재이기 때문이다.

문제는 사람이 건네는 위로에는 한계가 있다는 것이다. 사람의 위로는 지친 영혼에게 근원적인 위로가 되지 못할 때가 많다. 자칫 잘못하다가는 위로한다는 것이 오히려 상대의 심기를 잘못 건드려 안 한 것만도 못한 경우도 생기고, 상대가 듣고 싶었던 위로의 어감이 아닐 경우에는 관계가 소원해지기도 한다. 그래서 하나님의 위로가 필요하다. 하나님은 각각의 사람을 창조하셨기에 그 사람에 대해 구석구석 모르는 것이 없다. 피조물인 사람이 위기의 순간에 가지게 되는 내면의 아픔이나 고통을 하나님은 누구보다 잘 알고 계신다. 피조물인 사람은 창조주인 하나님을 통해서만 진정한 위로를 받을 수 있다.

하나님은 우리를 어떻게 위로하시는가? 말씀을 통해서 위로하신다. 하나님은 자신의 피조물인 사람에게 구체적인 위로를 주시기 위해 말씀을 주셨다.

> "이 말씀은 나의 고난 중의 위로라 주의 말씀이 나를 살리셨기 때문이니이다"(시 119:50).

시인은 고난 중에 진정한 위로는 말씀이었다고 고백한다. 말씀이 자신을 살렸다고 한다. 지금도 전 세계 많은 사람들이 하나님의 말씀을 통하여 진정한 위로를 받아 회복된 삶을 간증하고 있다. 그 위로의 궁극은 바로 예수 그리스도이시다. 하나님은 독생자 예수 그리스도를 이 땅에 보내주셔서 소망 없이 죽어 가는 우리를 위로하셨다. 짓무른 눈가의 눈물을 닦아 주시고 늘어진 손을 잡아 일으켜 주셨다. 사망의 음침한 골짜기를 지날 때에는 우리를 안고, 업고 걸어 주셨다. 생명까지 내어주신 예수님의 넘치는 위로 덕분에, 사망에서 생명으로 옮겨 온 우리는 환난의 터널을 지나는 또 다른 사람들의 위로자로 다시 태어났다.

고린도 교회에 보내는 바울의 편지에는 위로의 하나님, 위로의 예수님의 모습이 잘 나타나 있다.

"찬송하리로다 그는 우리 주 예수 그리스도의 하나님이시오 자비의 아버지시오 위로의 하나님이시며. 우리의 모든 환난 중에서 우리를 위로하사 우리로 하여금 하나님께 받는 위로로써 모든 환난 중에 있는 자들을 능히 위로하게 하시는 이시로다. 그리스도의 고난이 우리에게 넘친 것 같이 우리가 받는 위로도 그리스도로 말미암아 넘치는도다. 우리가 환난 당하는 것도 너희가 위로와 구원을 받게 하려는 것이요 우리가 위로를 받는 것도 너희가 위로를 받게 하려는 것이니 이 위로가 너희 속에 역사하여 우리가 받는 것 같은 고난을 너희도 견디게 하느니라"(고후 1:3-6).

모든 환난 중에 진정한 위로는 하나님의 위로이다. 하나님의 위로를 받은 사람은 환난 중에 있는 또 다른 사람을 위로할 수 있다. 하나님의 위로는 말씀의 위로이며 말씀은 그 사람 속에 역사하여 고난을 견디게 한다. 말씀의 위로는 생명을 살리는 위로이다. 이를 두고 바울은 그리스도가 주는 진정한 위로를 구원이라고 하였다.

성경에서 고난하면 떠오르는 대표적인 인물이 바로 욥이다. 욥은 온전하고 정직하여 하나님을 경외하며 악에서 떠난 자라고 욥기 1장 1절은 기록하고 있다. 하나님도 인정하는 사람, 욥은 마귀의 시험으로 아들 일곱과 딸 셋과 전 재산을 다 잃어버리는 참담한 고통 속에서도 하나님을 향한 원망의 말을 하지 않았다.

> "욥이 일어나 겉옷을 찢고 머리털을 밀고 땅에 엎드려 예배하며, 이르되 내가 모태에서 알몸으로 나왔사온즉 또한 알몸이 그리로 돌아가올지라 주신 이도 여호와시요 거두신 이도 여호와시오니 여호와의 이름이 찬송을 받으실지니이다 하고. 이 모든 일에 욥이 범죄하지 아니하고 하나님을 향하여 원망하지 아니하니라"(욥 1:20-22).

욥이 거름더미와 같은 비천한 상황에서도 예배를 드리며 범죄 하지 않았던 것은 매일 말씀을 묵상하고 그 말씀대로 살았기 때문이다.

> "그러할지라도 내가 오히려 위로를 받고 그칠 줄 모르는 고통 가운데서도 기뻐하는 것은 내가 거룩하신 이의 말씀을 거역하지 아니하였음이라"(욥 6:10).

하나님의 말씀의 위로가 있으면 어떤 고난 가운데서도 다시 일어날 수 있다. 말씀은 인생의 밤, 즉 고난의 시간을 이기는 힘이다. 그래서 말씀을 사랑하는 사람이 되도록 힘써야 한다. 말씀을 사랑하는 사람은 인생의 밤을 통과할 때 사람의 위로가 부족하다고 실망하지 않고, 그런 사람의 태도에 섭섭함을 느끼지 않는다. 이미 말씀을 통해 하나님의 완전한 위로를 경험했기 때문이다.

주님의 완전한 위로를 경험한 사람이 해야 할 일은, 주님께 받은 그대로 자신도 누군가를 살리는 위로자가 되는 것이다. 그 위로 속에는 구원의 복된 소리가 담겨 있어야 한다.

7 장　　묵 삶 실 천 노 트

묵상과 위로 묵상하기

오늘 본문으로 일어나서 잠들기 전까지 묵상하고 기도하는 훈련을 합니다.

① 오늘 묵상을 위해 기도하기
② 오늘 묵상 본문 49절에서 56절까지 천천히 자신의 귀에 들리도록 7번 읽기
③ 감동이 오는 한 절이나 한 문장이나 단어 기록하기
④ 감동받은 말씀을 암송한 후 하루 종일 묵상하기
⑤ 하나님의 음성 듣고 기록하기
⑥ 삶에 적용하고 기록하기
⑦ 취침 전에 하루 묵상을 정리하고 기도하기

8 장
묵상과 감사

"57 여호와는 나의 분깃이시니 나는 주의 말씀을 지키리라 하였나이다. 58 내가 전심으로 주께 간구하였사오니 주의 말씀대로 내게 은혜를 베푸소서. 59 내가 내 행위를 생각하고 주의 증거들을 향하여 내 발길을 돌이켰사오며. 60 주의 계명들을 지키기에 신속히 하고 지체하지 아니하였나이다. 61 악인들의 줄이 내게 두루 얽혔을지라도 나는 주의 법을 잊지 아니하였나이다. 62 내가 주의 의로운 규례들로 말미암아 밤중에 일어나 주께 감사하리이다. 63 나는 주를 경외하는 모든 자들과 주의 법도들을 지키는 자들의 친구라. 64 여호와여 주의 인자하심이 땅에 충만하였사오니 주의 율례들로 나를 가르치소서"(시 119:57-64).

백조들은 고통스러울 때 감미로운 소리를 낸다. 따지고 보면 기독교 역사도 수세기 동안 핍박과 압제로 인하여 고통으로 점철된 시기를 지나 왔다. 하지만 그때마다 감미로운 소리로 하나님의 영광을 드러낸 역사를 만들어 왔다. 중세 말기 로마 카톨릭의 면죄부 판매를 비판했다는 죄목으로 화형을 당한 종교개

혁의 선두주자인 얀 후스(J. Hus, 1372-1415)는 1415년 7월 6일 화형 직전에 이렇게 말했다. "오늘 너희들은 거위(그의 이름은 체코어로 거위라는 뜻이다)를 불태우지만, 이제부터 100년이 지난 후에는 백조의 울음소리를 들으리라. 너희들은 그 백조를 이처럼 불로 태울 수 없으며, 그에게 귀를 기울이게 되리라."

얀 후스의 예견대로 100년 후의 백조들, 즉 마틴 루터(M. Luther, 1483-1546), 존 칼빈(J. Calvin, 1509-1564) 등의 종교개혁자들에 의해 종교개혁은 성공하게 되었다. 고통 가운데서 감미로운 소리를 내는 믿음의 사람들이 있었기에. 오늘날 그들의 후손들은 하나님을 나의 하나님으로 섬기며 믿을 수 있는 은혜 가운데 살게 되었다.

고난과 시련의 터널을 지날 때 그리스도인이 지녀야 할 마음가짐에는 여러 가지가 있다. 꼭 이겨내겠다는 불굴의 의지도 필요하고, 쓰러지지 않고 끝까지 견디겠다는 다짐과 용기도 필요하다. 그러나 무엇보다도 필요한 자세는 감사를 버리지 않는 것이다. 감사가 떠난 마음은 점차 황폐해진다. 하나님과 사람들에게 냉소적인 태도를 보이고 때로는 믿음과 감사의 말을 하는 사람을 비아냥거린다. 행복해 하는 사람들에게서 느끼는 상대적인 박탈감과 하나님을 향해 섭섭한 마음이 결합되어 주변의 유익한 충고도 무시하고 말씀에 순종하지도 않는다. 감사가 떠난 사람을 유심히 살펴보면 비슷한 양상의 태도를 어렵지 않게 볼 수 있다.

"감사하지 않는 사람을 하나님이 벌하시지 않는 것은 그의 삶이 이미 불행하기 때문이다."는 말이 있다. 하나님이 굳이 징계하실 필요가 없을 만큼 스스로 자신의 삶에 형벌을 가한 셈이라는 뜻이다. 그리스도인이 하나님께 대한 감사를 저버린다고 해서 하나님이 손해를 입으시는 일은 없다. 감사하지 않는 자신에게 해가 있을 뿐이다. 감사가 없는 삶은 이미 불행하기 때문이다. 감사를 저버리는 것은 스스로 불행을 선택하겠다는 것과 같다.

그리스도인의 감미로운 소리는 고통 중에 나오는 감사의 고백이다. 그러기에 고통을 통과하면서 나오는 감사는 감사의 절정이 된다.

"악인들의 줄이 내게 두루 얽혔을지라도 나는 주의 법을 잊지 아니하였나이다. 내가 주의 의로운 규례들로 말미암아 밤중에 일어나 주께 감사하리이다"(시 119:61-62).

시인은 일생의 어려움에 봉착해 있다. 인생의 밤을 만난 것이다. 악인들에게서 줄로 얽어 매임을 당하여 꼼짝을 할 수도 없다. 자신이 처한 상황을 생각하자니 한 밤 중에도 벌떡 깨어나 주님의 말씀을 피난처로 삼아야 한다. 사면초가의 시인이 주님의 사랑받는 자가 된 것은 고난 중에서도 의로운 말씀을 믿고 감사를 고백하기 때문이다. 주님에 대한 신뢰를 저버리지 않고, 자신을 선대해 주실 거라는 약속의 말씀을 잊지 않으며, 할 수 없는 중에도 감사하기 때문이다.

근거없는 감사의 고백은 자기 자신에게 거는 주문이며 최면일 뿐이다. 그러나 예수 그리스도를 구주로 영접한 그리스도인에게 감사의 고백은 약속의 말씀이라는 분명한 근거 위에서 드려지는 것이다. 어떤 상황과 조건 속에 있다 하더라도 자신의 삶을 통하여 하나님 아버지의 뜻이 이루어진다는 약속의 말씀을 믿기 때문이다.

"하나님을 사랑하는 자 그 뜻대로 부르심을 입은 자들에게는 모든 것이 합력하여 선을 이루느니라"(롬 8:28).

"항상 기뻐하라 쉬지 말고 기도하라 범사에 감사하라 이것이 그리스도 예수 안에서 너희를 향한 하나님의 뜻이니라"(살전 5:16-18).

마르지 않는 감사와 기쁨의 샘이 있다면 그 근원에는 말씀이라는 물줄기가 있다. 말씀을 묵상하면 물줄기는 더욱 신선하고 깨끗한 생수로 샘을 가득 채우게 되며 감사와 기쁨은 흘러넘친다. 흘러넘친 샘물은 척박한 땅을 옥토로 바꾸고, 주변 땅들도 기름지게 변화시킨다. 감사가 넘치는 곳에는 또 다른 감사가, 불평이 넘치는 곳에는 더 많은 불평이 생기는 것과 같다.

애굽을 탈출하여 젖과 꿀이 흐르는 가나안 땅으로 가는 도중에 불평하는 이스라엘 백성을 하나님께서는 "죄없다" 아니 하셨다. 그리고 그 원망의 소리와 불평의 소리를 다 들으셨다.

> "나를 원망하는 이 악한 회중에게 내가 어느 때까지 참으랴 이스라엘 자손이 나를 향하여 원망하는 바 그 원망하는 말을 내가 들었노라"(민 14:7).

애굽에서 죽었더라면 좋았을 것이라는 소리를 하나님이 들으셨다. 차라리 광야에서 죽었더라면 더 좋았을 것이라는 원망의 소리도 들으셨다. 불평이 극에 달하자 하나님이 응답하셨다. "너희가 말한 대로 시행해 주겠다."

> "여호와의 말씀에 내 삶을 두고 맹세하노라 너희 말이 내 귀에 들린 대로 내가 너희에게 행하리니"(민 14:28).

결국 원망과 불평을 쏟아낸 백성들은 모두 광야에서 죽었다. 오직 감사를 잊지 않고 믿음의 말을 한 여호수아와 갈렙만 약속의 땅인 가나안으로 들어갔다. 묵상을 통해 새겨진 말씀은 하나님의 뜻을 선택하도록 항상 우리를 돕니다. 하지만 묵상하지 않고 자신의 지혜를 확신하고 따라가는 사람은 본성대로 선택한다. 감사를 선택할지 불평을 선택할 지는 자기 자신에게 달려 있다.

8장 묵삶 실천 노트

묵상과 감사 묵상하기

오늘 본문으로 일어나서 잠들기 전까지 묵상하고 기도하는 훈련을 합니다.

① 오늘 묵상을 위해 기도하기
② 오늘 묵상 본문 57절에서 64절까지 천천히 자신의 귀에 들리도록 7번 읽기
③ 감동이 오는 한 절이나 한 문장이나 단어 기록하기
④ 감동받은 말씀을 암송한 후 하루 종일 묵상하기
⑤ 하나님의 음성 듣고 기록하기
⑥ 삶에 적용하고 기록하기
⑦ 취침 전에 하루 묵상을 정리하고 기도하기

9 장
묵상과 고난

"⁶⁵ 여호와여 주의 말씀대로 주의 종을 선대하셨나이다. ⁶⁶ 내가 주의 계명들을 믿었사오니 좋은 명철과 지식을 내게 가르치소서. ⁶⁷ 고난 당하기 전에는 내가 그릇 행하였더니 이제는 주의 말씀을 지키나이다. ⁶⁸ 주는 선하사 선을 행하시오니 주의 율례들로 나를 가르치소서. ⁶⁹ 교만한 자들이 거짓을 지어 나를 치려 하였사오나 나는 전심으로 주의 법도들을 지키리이다. ⁷⁰ 그들의 마음은 살져서 기름덩이 같으나 나는 주의 법을 즐거워하나이다. ⁷¹ 고난 당한 것이 내게 유익이라 이로 말미암아 내가 주의 율례들을 배우게 되었나이다. ⁷² 주의 입의 법이 내게는 천천 금은보다 좋으니이다"(시 119:65-72).

미국의 인디언들을 위해서 자신의 젊음을 바쳐 예수 그리스도의 증인의 삶을 살다 간 이가 있다. 데이비드 브레이너드(D. Brainerd, 1718-1749)이다. 그는 인디언 원주민들을 향한 뜨거운 사랑과 열정을 불태우며 복음을 전하다 30세의 나이에 짧은 생을 마감하고 말았다. 살아 생전에 그의 삶의 초점은 하나님의 영광을 위한 거룩한 삶이었다. 그는 하나님의 영광을 위한 고난을 '유쾌한 고통'이라고 하였다. 20대에 쓴 그의 일기에는 이런 내용이 있다. "내가 진실로 하나님을 즐거워할 때, 그분을 향한 나의 갈망이 더 채워지지 않고, 거룩을 향한 나의 목마름은 더욱 타오르는 것을 느낀다. 오, 거룩함을! 오, 내 영혼에 더욱 하나님을! 오, 이 유쾌한 고통이여! 이로써 나의 영혼은 더욱 하나님을 따르게 되나니… 오, 내가 가는 천성 길에서 결코 머뭇거리지 말게 하소서!"

그가 항상 사모하며 묵상했던 말씀은 시편 73편 25절 말씀이었다. "하늘에서는 주 외에 누가 내게 있으리요 땅에서는 주 밖에 내가 사모할 이 없나이다." 그는 이 말씀을 묵상하면서 다음과 같이 고백하였다.

"나에게 수천의 생명이 있었다 하더라도, 그리스도와 함께 하기 위하여 그 즉시로 그것들을 내놓았을 것입니다."

그의 짧은 생은 하나님을 향한 불타는 사랑이었으며 예수 그리스도를 닮기 위한 뜨거운 열정이었다. 그래서 고난도 '유쾌한 고통'으로 여긴 것이다. 무엇보다 하나님의 거룩을 닮기 위한 그의 열정은 강렬했다. 거룩은 그리스도인의 정체성이다. 예수 그리스도를 구주로 영접하는 사람은 하나님의 거룩한 자녀이다. 그러므로 거룩을 향해 쉼 없이 나아가야 한다.

> "나는 너희의 하나님이 되려고 너희를 애굽 땅에서 인도하여 낸 여호와라 내가 거룩하니 너희도 거룩할지어다"(레 11:45).

> "너희는 스스로 깨끗하게 하여 거룩할지어다 나는 너희를 거룩하게 하는 여호와이니라"(레 20:7).

인생은 고난의 연속이다. 고난이 없는 인생은 없다. 문제는 고난을 어떻게 받아들이고 이겨 나갈 것인가에 있다. 많은 사람들은 고난을 불행의 시작이라고 생각한다. 그러나 하나님의 말씀을 따라 사는 그리스도인에게는 고난도 유익이다. 왜냐하면 고난은 하나님의 거룩을 닮아가는 통로가 되기 때문이다. 고난 없는 거룩은 없다. 예수님은 십자가의 고난을 통하여 온전한 거룩을 완성하셨다. 하나님은 고난을 통하여 우리를 연단하신다. 연단은 당시에는 괴로우나 그 상황을 객관적으로 볼 수 있을 만큼의 시간이 경과한 후에 다시 들여다보면 '주님! 당신이 옳습니다.'라고 인정하게 된다. 말씀을 묵상하면 할수록 고난이 유익임을 깨닫게 된다. 고난을 이기는 최고의 방법은 말씀 묵상이다.

> "고난당하기 전에는 내가 그릇 행하였더니 이제는 주의 말씀을 지키나이다"(시 119:67).

고난이 없는 삶은 느슨하다. 적당한 긴장감도, 팽팽한 자기관리도 어렵다. 편안하기만 하면 더 편하고 안락한 것을 찾다가 방탕의 자리로 나아가기도 한다. 사람은 고난이 있기에 자신의 삶을 뒤돌아본다. 이러한 자기성찰은 때로 영적인 성장과 성숙이라는 귀한 선물을 자신에게 남긴다. 그리스도를 따라 가는 믿음의 사람은 고난이 있기에 성숙이라는 소망이 있다. 고난이 찾아오면 영적으로 성장하고 성숙할 기회도 함께 찾아온다는 걸 기억하고 우선 하나님의 놀라운 계획을 묵상해야 한다.

고난의 시간에는 수명이 있다. 우리에게 오는 고난은 감당할 수 있는 고난이다. 하나님은 감당하지 못할 고난을 허락하지 않으신다. 또한 고난을 감당할 수 있는 힘을 주신다. 하나님의 거룩한 자녀는 그리스도와 함께 하나님의 상속자이기에 영광뿐만 아니라 고난도 함께 받아야 한다고 성경은 말한다.

> "사람이 감당할 시험 밖에는 너희가 당한 것이 없나니 오직 하나님은 미쁘사 너희가 감당하지 못할 시험 당함을 허락하지 아니하시고 시험 당할 즈음에 또한 피할 길을 내사 너희로 능히 감당하게 하시느니라"(고전 10:13).

"자녀이면 또한 상속자 곧 하나님의 상속자요 그리스도와 함께 한 상속자니 우리가 그와 함께 영광을 받기 위하여 고난도 함께 받아야 할 것이니라"(롬 8:17).

말씀에서 벗어나 있을 때 만난 고난은 불행일 수 있다. 그러나 말씀 안에 있으면 고난은 분명 유익하다. 나는 고등학교 3학년 시절, 한 구절의 말씀에 감동을 받아 그리스도께 헌신을 결단하였다.

"우리가 살아도 주를 위하여 살고 죽어도 주를 위하여 죽나니 그러므로 사나 죽으나 우리가 주의 것이로다"(롬 14:8).

이 말씀은 당시 나의 마음 판에 강한 충격으로 박혔고 이후에는 흔들림 없이 내 삶을 지탱하고 이끌어주는 밑거름이 되었다. 중요한 것은 이 말씀을 받은 이후로 고난에 대한 두려움이 없어졌다. 죽음에 대한 두려움도 사라졌다. 그리고 예수 그리스도의 제자가 되려면 고난도 죽음도 초월하는 믿음을 가져야 함을 알게 되었다. 청소년기에 핵폭탄처럼 떨어진 말씀 한 절의 위력을 경험하고 나자, 말씀 한 절 한 절을 묵상하는 것이 얼마나 소중한 것인가를 깨닫게 되었다. 깨닫는다는 것은 하나님 아버지의 마음이 나에게 부어진다는 의미이기에 예수님은 깨닫는 자가 복이 있다고 하셨다.

> "시몬 베드로가 대답하여 가로되 주는 그리스도시요 살아 계신 하나님의 아들이시니이다. 예수께서 대답하여 가라사대 바요나 시몬아 네가 복이 있도다 이를 네게 알게 한 이는 혈육이 아니요 하늘에 계신 내 아버지시니라"(마 16:16-17).

말씀을 사랑하는 것은 주님을 사랑하는 것이기에, 주님은 말씀을 사랑하는 자에게 깨닫게 하시고 자신의 뜻을 밝히 보여 주신다.

9장   묵 삶 실 천 노 트

묵상과 고난 묵상하기

오늘 본문으로 일어나서 잠들기 전까지 묵상하고 기도하는 훈련을 합니다.

① 오늘 묵상을 위해 기도하기
② 오늘 묵상 본문 65절에서 72절까지 천천히 자신의 귀에 들리도록 7번 읽기
③ 감동이 오는 한 절이나 한 문장이나 단어 기록하기
④ 감동받은 말씀을 암송한 후 하루 종일 묵상하기
⑤ 하나님의 음성 듣고 기록하기
⑥ 삶에 적용하고 기록하기
⑦ 취침 전에 하루 묵상을 정리하고 기도하기

10장
묵상과 경외

"73 주의 손이 나를 만들고 세우셨사오니 내가 깨달아 주의 계명들을 배우게 하소서. 74 주를 경외하는 자들이 나를 보고 기뻐하는 것은 내가 주의 말씀을 바라는 까닭이니이다. 75 여호와여 내가 알거니와 주의 심판은 의로우시고 주께서 나를 괴롭게 하심은 성실하심 때문이니이다. 76 구하오니 주의 종에게 하신 말씀대로 주의 인자하심이 나의 위안이 되게 하시며. 77 주의 긍휼히 여기심이 내게 임하사 내가 살게 하소서 주의 법은 나의 즐거움이니이다. 78 교만한 자들이 거짓으로 나를 엎드러뜨렸으니 그들이 수치를 당하게 하소서 나는 주의 법도들을 작은 소리로 읊조리리이다. 79 주를 경외하는 자들이 내게 돌아오게 하소서 그리하시면 그들이 주의 증거들을 알리이다. 80 내 마음으로 주의 율례들에 완전하게 하사 수치를 당하지 아니하게 하소서"(시 119:73-80).

종교개혁을 완성한 존 칼빈은 그의 저서 『기독교 강요』에서 이렇게 말했다.

"인간은 하나님을 알지 못하고서는 자기 자신을 알지 못한다. 인간은 자신을 하나님의 위엄과 비교해 보기 전에는 결

- 단코 자신의 비참한 상태를 인식할 수 없다."

사람이 창조주 하나님을 알지 못하면 교만하고 방자하여 자기 마음대로 산다. 인생의 주인이 자기 자신이기 때문이다. 반대로 하나님을 진실로 알게 되면 그 하나님을 경외하게 된다. 하나님은 창조주이시고 자신은 그분의 피조물이기에, 인생의 주인과 생명의 주관자가 내가 아닌 하나님이라는 사실을 인정하게 되기 때문이다. 하나님을 경외하는 사람은 자기 자신이 어떤 존재인가를 잘 알기 때문에 겸손해진다. 이 경외감으로 신앙이 시작된다.

호세아 선지자는 이스라엘 백성들이 하나님을 아는 지식이 없으므로 망한다고 하였다. '안다'는 히브리어로 '야다'(ידע)'이며 그 의미는 '실제 전인격적으로 체험하여 안다'는 것이다. 구원 받은 하나님의 자녀는 예수님을 구세주로 영접한 사람이다. 전인격적으로 예수님을 체험하고 자신의 주인으로 모신 사람이다.

"내 백성이 지식이 없으므로 망하는도다 네가 지식을 버렸으니 나도 너를 버려 내 제사장이 되지 못하게 할 것이요 네가 네 하나님의 율법을 잊었으니 나도 네 자녀들을 잊어버리리라"(호 4:6).

하나님을 아는 지식은 믿음을 성장시킨다. 하나님을 아는 지식은 지·정·의를 강화시키며 전인격적인 신앙의 성숙을 가져온다. 또한 균형 잡힌 인격과 성품의 사람으로 여물어 가게 한다. 하나님을 알아가면서 그분의 성품을 닮아가기 때문이다. 그것은 태초부터 아버지가 자녀에게 주시려고 계획해 놓으신 것이다. 자녀에게는 사랑하는 아버지를 닮고 싶은 열망이 늘 존재하는 법이다.

믿음은 하나님 아버지의 성품을 잘 알고 그것을 받아드리는 것이다. 완전하신 하나님, 무한하신 하나님, 한없는 사랑을 가지신 하나님, 거룩하신 하나님, 자비로운 하나님, 공의로우신 하나님, 은혜로우신 하나님, 무소부재하신 하나님, 우리 내면에 내재하시는 하나님, 스스로 계시는 하나님, 모든 것을 초월하시는 하나님, 영원하신 하나님, 전능하신 하나님 등 하나님이 가지신 모든 성품을 그대로 믿는 것이 믿음이다.

이 모든 성품을 가지신 하나님을 경외하는 것은 다음의 의미를 담고 있다. '경외'의 사전적 의미는 '공경하고 두려워한다'이다. 공경한다는 말은 사랑한다는 마음을 내포하고 있다. 두려워한다는 말은 이 세상에서와 인생의 끝날에 우리의 삶을 평가하고 결산하실 분이 하나님임을 기억하고 겸손한 삶의 자세를 가져야 하는 마음 상태를 말한다. 무엇보다 하나님을 두려워하는 마음은 신앙 양심을 지킬 수 있도록 우리를 돕는다. 주님을 경외하는 사람, 사도 바울은 양심의 중요성을 사도행전에서 이렇게 말하고 있다.

> "바울이 공회를 주목하여 이르되 여러분 형제들아 오늘까지 나는 범사에 양심을 따라 하나님을 섬겼노라 하거늘"(행 23:1).

바울은 양심을 따라 범사에 하나님을 섬겼다. 이 양심은 신앙 양심이다. 신앙 양심은 믿음의 배수진과 같다. 그리스도인으로서 지켜야 할 신앙의 기준인 양심이 무너진다면 밀려오는 죄의 파도를 무슨 수로 감당하겠는가? 경외심이 없는 신앙 양심은 쉽게 무너진다. 하지만 주님을 향한 경외심은 자신을 지키는 방패막이요 안전한 피난처가 되어 준다. 주님을 경외하는 사람은 신앙 양심을 지키다가 결국 더 중요한 자기 자신을 지키는 셈이다.

가족이 함께 묵상을 하다보면 감추어진 부분이 드러나 아픔을 경험하기도 하고, 그 문제가 해결되기도 한다. 이럴 때 말씀의 오묘한 힘을 느낀다. 우리 부부와 아이들이 함께 묵상을 나누다가 벌어진 이야기이다.

그 당시 우리 부부는 "남들이 다 겪는 일을 우리 가정이라고 해서 피해 갈 수 있느냐!"며 청소년기에 들어선 아이들과 어떻게 이 시기를 잘 통과할까 고민을 하던 중이었다. 한 주간 우리 부부는 아이들의 정직이 지극히 사소한 부분에 걸려 깨어진 것에 대해서, 답답하고 화가 나는 마음과 슬픈 마음을 동시에 간직하고 있었다. 부모가 실망할까봐 실수를 감춘 것인데 오히려 정직을 쉽게 저버린 것 같은 섭섭한 마음에 우리 부부는 마음이 무거웠다. 그런 마음을 가진 채, 그 주일 네 가족이 모여서 말씀 앞에 섰다. 그날 묵상 말씀은 출애굽기 18장이었다. 의도하고 그 본문을 선택한 것이 아니라 날짜를 따라 가다 보니 그 말씀을 만난 것이다.

줄거리는 이스라엘의 지도자 모세가 아침부터 밤까지 혼자서 백성을 재판하는 힘겨운 상황을 보고 그의 장인 이드로가 충고하는 내용이다. 충고 내용은 모세의 과중한 업무를 덜기 위하여 백성 가운데서 능력 있고 덕을 갖춘 사람을 뽑아야 하는데, 그들은 다음 세 가지 조건을 갖추어야 한다. 하나님을 두려워하는 자, 진실한 자, 불의한 이익을 미워하는 자이다. 최소한 지도자로 세워질 사람들이라면 세 가지의 조건을 갖춘 사람이어야 했다. 그들이 모세를 대신하여 사건이 생길 때마다 백성을 재판하되 큰 사건은 모두 모세에게 가져오지만 작은 사건은 그들 스스로 재판을 해야 했기 때문이다.

"저는 또 온 백성 가운데서 능력 있는 사람들 곧 하나님을 두려워하며 진실하며 불의한 이익을 미워하는 자를 살펴서 백성 위에 세워 천부장과 백부장과 오십부장과 십부장을 삼아"(출 18:21).

이 말씀을 한참 묵상하고 깨달은 말씀을 나누던 도중, 아내가 갑자기 두 아들에게 차례로 질문을 했다.

"너는 하나님을 두려워하느냐?"(보통 아내는 감정이 상하거나 아이들을 훈계할 때 사극 대화체를 쓴다.)

첫째 아들은 대답했다. "네."

"너는 진실하느냐?" "네."

"너는 불의한 이득을 미워하느냐?" "네."

첫째 아들은 모든 질문에 "네."라고 대답했다.

둘째 아들에게도 동일하게 질문을 했고 둘째 아들 역시 모든 질문에 "네."라고 대답했다. 그러자 "하나님을 두려워하는 사람이 어찌하여 정직하지 못하고서 '네.'라고 대답할 수 있느냐?"고

반문하며 아내가 눈물을 보였다. 하나님이 중요하게 여기시는 정직을 가볍게 생각해서는 안 된다는 것과 하나님 앞에서 자식의 정직이 깨어진 것을 지켜보는 부모의 심정을 온 마음을 다해 아이들에게 표현했다.

그때 내가 친절하고 부드러운 목소리(후에 아내가 그렇게 말해 주었다.)로 아내에게 질문했다.

"당신은 하나님을 두려워해요?"

잠시 멈칫하던 아내가 고개를 떨구더니 조용히 대답했다.

"아니오."

"당신은 진실해요?" "아니오."

아내는 모든 질문에 "아니오."라고 대답을 하고는 식탁 위에 엎드려 소리 없이 흐느끼기 시작했다. 몇 장의 휴지를 적시고 그 상황은 종결되었다. 묵상을 마무리하며 우리는 각자의 이유를 들어보았다. 아이들은 엄마 아빠께 실망을 주고 싶지 않아서였다고 말하며 용서를 구했다. 우리는 자식이 정직하지 않을 때 부모는 실망한다고 우리의 본심을 아이들에게 전해 주었다. 그리고 한창 성품이 완성되어 가는 시기에 있는 두 아들이 하나님과 사람 앞에서 정직한 성품의 소유자가 되는 것이 자신들을 향한 엄마 아빠의 최고의 바람이라는 것을 일깨워 주었다. 아내에게는 왜 그렇게 울었냐고 물었다. 아내가 대답했다. "하나님을 경외하는 마음을 가지라고 아이들에게 간청하는데, 갑자기 당신의 질문을 받게 되자 하나님께서 나에게 먼저 그 마음을 바라시는 게 느껴져서 도저히 '네.'라고 못하겠더라고요. 함부로 경외한다고 말할 수 없었어요."

> "여호와를 경외하며 그의 길을 걷는 자마다 복이 있도다 네가 네 손이 수고한 대로 먹을 것이라 네가 복되고 형통하리로다 네 집 안방에 있는 네 아내는 결실한 포도나무 같으며 네 식탁에 둘러앉은 자식들은 어린 감람나무 같으리로다 여호와를 경외하는 자는 이같이 복을 얻으리로다"(시 128:1-4).

10장　묵삶 실천 노트

묵상과 경외 묵상하기

오늘 본문으로 일어나서 잠들기 전까지 묵상하고 기도하는 훈련을 합니다.

① 오늘 묵상을 위해 기도하기
② 오늘 묵상 본문 73절에서 80절까지 천천히 자신의 귀에 들리도록 7번 읽기
③ 감동이 오는 한 절이나 한 문장이나 단어 기록하기
④ 감동받은 말씀을 암송한 후 하루 종일 묵상하기
⑤ 하나님의 음성 듣고 기록하기
⑥ 삶에 적용하고 기록하기
⑦ 취침 전에 하루 묵상을 정리하고 기도하기

3부
묵상의 열매

11장 묵상과 신실함

12장 묵상과 생각

13장 묵상과 명철

14장 묵상과 공의

15장 묵상과 소망

11장
묵상과 신실함

"⁸¹ 나의 영혼이 주의 구원을 사모하기에 피곤하오나 나는 주의 말씀을 바라나이다. ⁸² 나의 말이 주께서 언제나 나를 안위하실까 하면서 내 눈이 주의 말씀을 바라기에 피곤하니이다. ⁸³ 내가 연기 속의 가죽 부대 같이 되었으나 주의 율례들을 잊지 아니하나이다. ⁸⁴ 주의 종의 날이 얼마나 되나이까 나를 핍박하는 자들을 주께서 언제나 심판하시리이까. ⁸⁵ 주의 법을 따르지 아니하는 교만한 자들이 나를 해하려고 웅덩이를 팠나이다. ⁸⁶ 주의 모든 계명들은 신실하니이다 그들이 이유 없이 나를 핍박하오니 나를 도우소서. ⁸⁷ 그들이 나를 세상에서 거의 멸하였으나 나는 주의 법도들을 버리지 아니하였사오니. ⁸⁸ 주의 인자하심을 따라 나를 살아나게 하소서 그리하시면 주의 입의 교훈들을 내가 지키리이다"(시 119:81-88).

나에게는 특별한 인연의 일본 목사님이 한 분 계신다. 후쿠오카에 있는 성서교회 이노우에 목사님이시다. 주 안에서 25년째 교제 중이다. 대학을 졸업하고 20대 중반에 일본으로 처음 단기 선교를 가게 되면서 만남이 시작되었는데 그 당시 오사카에서 개척 중인 일본인 교회였다. 지금도 그렇지만 25년 전에 일본

현지 교회는 한 사람 전도하기가 여간 어려운 게 아니었다.

주님께서 '지속적으로 가서 그 교회를 도우라.'는 마음을 주셔서 그때부터 30여 차례가 넘게 한국 선교팀을 데려가서는 교회 근처 지하철역에서 전도하고, 집집마다 우편함에 전도편지를 넣고, 기도를 심고, 땅 밟기를 하였다. 그 중에서도 인상 깊은 기억은 우리 전도대의 모습을 보고 교회까지 우리를 따라온 중년 여성의 모습이다. 그녀는 "당신들의 표정이 너무 행복해 보여서 따라 왔는데 이유가 뭐냐?"고 물으며 우리에게 스스로 다가온 경우이다. 나는 갈 때마다 선교팀 인솔자가 되어 많게는 30-40명, 적게는 나와 한 형제 둘이서만 배를 타고 현해탄을 건너기도 했다. 초창기에 배가 태풍을 만나서 먹은 것을 다 토하고 뱃바닥을 구를 때는 '이대로 죽는구나.' 싶으면서도 악조건 속에서 풍랑을 만난 바울의 전도 여행이 애처롭게 다가와 눈물이 났다.

교회는 매년 조금씩 성장하며 인원이 늘어갔고 일본에서는 중형교회로 성장했다. 세월이 흐르자 '한 번 오고 말겠지!'라고 생각했던 한국의 한 청년이 매년 바다를 건너와 자신들을 도왔다며 성도들이 감동을 한 것 같다. 감사함의 표시로 한국에서의 나의 결혼식에 이노우에 목사님께서 일본교회를 대표하여 참석해 주셨고, 결혼식을 마친 후에는 우리 부부를 데리고 일본으로 다시 건너가서 일본교회 성도들이 준비해 준 결혼예식을 교회에서 가졌다. 결혼식 후 애찬식에는 모든 가정에서 만든 요리를 한 가지씩 준비해 와서 풍성한 잔치를 했다. 온천지역으로의 신혼여행 경비도 교회 성도들이 책임져 주었다. 과분한 선물에 감사밖에 할 수 없는 나에게 그들은 '오랜 시간 당신이 우리에게 보여준 신실함에 대한 보답'이라고만 했다.

또 몇 년이 지나 교회 20년을 기념하여 발간한 책자에는 외국인으로서는 유일하게 우리 부부의 사진을 담아서 고마운 마음을 표현해 주었다. 5년 전에 이노우에 목사님께서는 후임 젊은 목사님에게 교회를 맡기시고, 본인은 63세의 나이로 다시 후쿠오카에 개척을 하셨고 현재는 30-40여명의 성도가 주일예배를 드리며 교회 건축을 눈앞에 두고 있다. 목회를 마무리하며 안주하고 싶을 시점에 다시 개척을 시작하신 초인적인 의지 앞에 머리가 숙연해진다. 지금도 '영적인 불모지 일본 땅'에 거룩한 성령의 새바람이 불기를 기도하며 영적인 교제를 이어가고 있다.

고등학교 1학년 때 신앙생활을 시작하면서 '신실함'이라는 단어를 유난히 좋아했다. 그냥 좋았다. 성경을 조금씩 알아가면서 성경 속에 등장하는 인물들에게 관심을 갖게 되자, 하나님께 쓰임 받는 인물들에게는 공통점이 있다는 것을 깨닫게 되었다. 그들은 하나같이 신실했다.

아브라함, 모세, 요셉, 다윗, 다니엘, 바울, 어린 마음에 나는 그들을 닮고 싶었다. 그들처럼 신실한 사람이 되어서 하나님이 나를 사용해 주셨으면 좋겠다는 소원이 생겼다. 그리고 신실한 사람이 되게 해 달라고 지속적으로 기도드렸다. 성인이 되어 우연히 찾아본 고등학교 시절 수첩에는 '신실'이라고 직접 적은 두꺼운 종이 카드가 별도로 보관되어 있었다. 신실(信實)의 사전적인 의미는 '믿음직스럽고 착실하다'이다.

사람들은 신뢰할 만한 사람을 좋아한다. 믿을 만하고 착실하기 때문이다. 배우자 될 사람도, 친구도, 직장 상사도, 교회의 목사님도 모두 신실한 사람이었으면 좋겠다는 바람을 가진다. 신실한 사람은 자신이 뱉어 낸 말과 맡은 임무를 성실하게 수행하기 때문이다. 하나님도 마찬가지로 신실한 사람을 좋아한다. 그것은 하나님 자신의 성품이기 때문이다.

다윗은 블레셋 최고의 장수 골리앗과 싸워 이길 때 아직 소년이었다. 그가 골리앗과 단독 대결을 하겠다고 나서자 사울은 어린 다윗을 믿어주지 않았다. "너는 아직 소년인데, 어려서부터 용사요 평생 군대에서 뼈가 굵은 자와 어찌 싸운단 말인가?" 하며 말렸다. 누가 들어도 타당한 말이었다. 그러나 다윗은 굽히지 않고 사울을 설득했다.

"임금님의 종인 저는 아버지의 양떼를 지켜 왔습니다. 사자와 곰이 양떼에 달려들어 한 마리라도 물어 가면, 저는 곧바로 뒤쫓아가서 그 놈을 쳐죽이고, 그 입에서 양을 꺼

내어 살려 내곤 하였습니다. 그 짐승이 저에게 덤벼 들면, 그 턱수염을 붙잡고 때려 죽였습니다. 제가 이렇게 사자도 죽이고 곰도 죽였으니, 저 할례 받지 않은 블레셋 사람도 그 꼴로 만들어 놓겠습니다. 살아 계시는 하나님의 군대를 모욕한 자를 어찌 그대로 두겠습니까?"(삼상 17:34-36, 새번역).

드디어 그 블레셋 사람이 다윗에게 다가오자 다윗은 주머니에 손을 넣어 돌을 하나 꺼낸 다음, 그 돌을 물매로 던져서 골리앗의 이마를 맞히었다. 골리앗은 이마에 돌이 박혀 땅바닥에 쓰러져 버렸다.

다윗은 물매와 돌 하나로 그 블레셋 사람을 이겼다. 그날 사건은 다윗의 실력을 처음 본 사람들에게는 놀라운 일이었지만 정작 다윗 자신에게는 일상적인 일이었다. 그는 아버지 이새의 양떼를 지키기 위해 매일 셀 수도 없이 물매를 돌렸다. 어떤 때는 날아간 돌이 사자의 급소를 때렸고, 또 어떤 때에는 곰의 숨

통을 끊어 놓았다.

그것은 한 번에 얻어진 기술이 아니었다. 하루도 빠짐없이 맹수로부터 양떼를 지키기 위해 착실하고 믿음직스럽게 임무를 수행하고 얻어진 결과였다. 다윗은 어느 순간 물매를 던지는 자신의 실력이 스스로도 믿을 수 없을 만큼 탁월한 경지에 도달해 있는 것을 발견했다. 그래서 하나님의 대적이요, 이스라엘의 고민거리인 골리앗 앞에서 위축되지 않고 당당하게 대결을 펼치겠다고 나선 것이다. 다윗은 하나님과 착실하게 교제하였다. 살아계신 하나님을 온전히 신뢰하였다.

"주의 모든 계명들은 신실하니이다"(시 119:86).

하나님을 가까이 하고 그분의 계명을 따라가다 보면 신실함이라는 믿음직스럽고 착실한 자신을 만나게 된다. 그분의 계명이 신실하기 때문이다.

11장 묵삶 실천 노트

묵상과 신실함 묵상하기

오늘 본문으로 일어나서 잠들기 전까지 묵상하고 기도하는 훈련을 합니다.

① 오늘 묵상을 위해 기도하기
② 오늘 묵상 본문 80절에서 88절까지 천천히 자신의 귀에 들리도록 7번 읽기
③ 감동이 오는 한 절이나 한 문장이나 단어 기록하기
④ 감동받은 말씀을 암송한 후 하루 종일 묵상하기
⑤ 하나님의 음성 듣고 기록하기
⑥ 삶에 적용하고 기록하기
⑦ 취침 전에 하루 묵상을 정리하고 기도하기

12장
묵상과 생각

"⁸⁹ 여호와여 주의 말씀은 영원히 하늘에 굳게 섰사오며. ⁹⁰ 주의 성실하심은 대대에 이르나이다 주께서 땅을 세우셨으므로 땅이 항상 있사오니. ⁹¹ 천지가 주의 규례들대로 오늘까지 있음은 만물이 주의 종이 된 까닭이니이다. ⁹² 주의 법이 나의 즐거움이 되지 아니하였더면 내가 내 고난 중에 멸망하였으리이다. ⁹³ 내가 주의 법도들을 영원히 잊지 아니하오니 주께서 이것들 때문에 나를 살게 하심이니이다. ⁹⁴ 나는 주의 것이오니 나를 구원하소서 내가 주의 법도들만을 찾았나이다. ⁹⁵ 악인들이 나를 멸하려고 엿보오나 나는 주의 증거들만을 생각하겠나이다. ⁹⁶ 내가 보니 모든 완전한 것이 다 끝이 있어도 주의 계명들은 심히 넓으니이다"(시 119:89-96).

사람이 어떤 생각을 하느냐에 따라 행복해질 수도 있고 불행해질 수도 있다. 생각에 따라 말과 행동이 영향을 받기 때문이다. 작은 일이라도 어떻게 생각하느냐에 따라 삶을 대하는 자세가 달라진다. 생각에 따라 깨달음도 역시 달라진다.

언젠가 추석 전날 오후에 벌초를 한 경험이 있다. 오전 내내

내리는 많은 비로 인해 벌초를 하지 못하다가 비가 그친 오후가 되어서야 벌초를 할 수 있게 되었다. 고향 뒷산에 있는 증조부와 조부의 묘지 벌초였다. 많은 비 때문인지 잡초와 거친 풀과 자잘한 나무들이 무수히 자라 있었다. 이 모습을 보니 벌초를 시작할 엄두가 나지 않았다. 천천히 호흡을 가다듬고 벌초기계로 자른 후, 낫으로 베어내고, 마지막으로 갈고리를 이용하여 깨끗하게 정리하는 작업을 하였다. 벌초를 하면서 문득 이런 생각이 들었다. '이곳에 자라난 무수한 거친 풀과 잡초가 나의 마음은 아닐까?' 마치 묘지 위에 제거되어야 할 거친 풀과 잡초처럼, 내 마음에도 제거해야 할 정리되지 못한 불순물들이 많다는 생각이 들었다. 묘지를 깨끗하게 정리하기 위해 벌초가 필요하듯, 내 마음과 생각도 정기적으로 청소를 하고 불필요한 것은 내어버려야 함을 배우는 시간이었다.

인간은 타락한 본성으로 인해 그 본성 자체대로 내버려 두면 마음은 미련한 것을 따라 가고 생각은 허망한 것을 좇아간다. 바울은 로마서에서 타락한 인간의 모습을 이렇게 기록하고 있다.

"하나님을 알되 하나님을 영화롭게도 아니하며 감사하지도 아니하고 오히려 그 생각이 허망하여지며 미련한 마음이 어두워졌나니. 스스로 지혜 있다 하나 어리석게 되어, 썩어지지 아니하는 하나님의 영광을 썩어질 사람과 새와 짐승과 기어다니는 동물 모양의 우상으로 바꾸었느니라"(롬 1:21-23).

별것 아니라고 방치한 생각이 어떤 결과를 가져오는지 주의해서 말씀을 살펴보아야 한다. 하나님을 모르는 인간에게 일어난 일이 아니라 하나님을 알고 있으면서도 생각이 허망하여지고 마음이 어두어진 인간의 얘기이다. 하나님을 알되(Yes, they knew God: Romans 1:21, NLT) 생각과 마음이 무너진 인간은 영원하신 하나님 대신 썩어질 우상을 숭배하는 어리석은 자가 되어버렸다.

생각과 마음을 지키는 것은 전부를 지키는 것과 다르지 않다. 그래서 잠언은 마음을 지키는 것이 삶의 방향을 결정한다(it determines the course of your life: Proverbs 4:23, NLT)고 말한다.

> "무릇 지킬만한 것보다 네 마음을 지키라. 생명의 근원이 이에서 남이니라"(잠 4:25).

그리스도인은 '생각의 타락'을 막아야 한다. 생각이 타락하면 인생이 뒤틀려 버린다. 뒤틀린 생각을 반복하면 그 뒤틀린 생각이 마음에 새겨진다. 한 번 마음에 새겨진 생각은 지우기가 어렵다. 뒤틀린 생각이 마음에 새겨진 채 살아가는 인생은 어디서든 화평을 깨고, 자신뿐만 아니라 자신이 속한 공동체에 갈등을 유발시킨다. 그러므로 좋은 생각, 바른 생각을 해야 하는 것이 참으로 중요하다.

세상 사람들의 생각은 대부분 부정적인 생각들로 꽉 들어차 있다. 영혼에 있는 죄성 때문이다. 부정적인 생각을 적극적이고 긍정적으로 바꾸지 않으면 인생이 바뀌지 않는다. 예수님의 생각과 마음은 항상 긍정적이셨고 적극적이셨다. 왜냐하면 하나님의 뜻에 초점을 맞추고 계셨기 때문이다. 인생도 어떤 생각을 선택하느냐에 따라 얼마든지 달라질 수 있다. 성경은 "마음을 새롭게 함으로써 변화는 일어난다."고 말한다. NLT는 이것을 "생각하는 법을 바꾸면 하나님이 새로운 사람으로 변화시켜 주신다."(let God transform you into a new person by changing the way you think: Romans 12:2, NLT)고 번역하고 있다. 내적인 동기가 일어나지 않으면 결과를 기대할 수 없다. 내적인 동기인 모티브(motive)는 우리의 생각을 말하며, 그에 따른 결과는 변화를 말한다. 그래서 마음을 새롭게 하는 것, 생각하는 법을 바꾸는 것이 우선이다. 우리의 생각을 바꾸지 않으면 변화는 일어나지 않는다.

> "오직 마음을 새롭게 함으로 변화를 받아 하나님의 선하시고 기뻐하시고 온전하신 뜻이 무엇인지 분별하도록 하라"(롬 12:2).

생각을 새롭게 하면 마음이 새로워진다. 마음이 새로워지면 영혼이 정결해진다. 정결한 영혼은 하나님의 선하시고 기뻐하시고 온전하신 뜻을 분별한다. 정결한 영혼은 하나님이 기뻐하시는 말과 행동을 하게 하는 근원이 된다.

생각과 묵상의 도구는 말씀이다. 말씀 안에서 생각하고 묵상하면 된다. 말씀을 생각하고 또 생각하면 깊은 묵상의 세계로 들어가게 된다. 반복적으로 말씀을 생각하면 머리는 맑아지고 마음은 새로워진다. 말씀 안에서 나는 현재 무슨 생각을 하고 있는지 수시로 살펴보아야 한다.

12장 묵삶 실천 노트

묵상과 생각 묵상하기

오늘 본문으로 일어나서 잠들기 전까지 묵상하고 기도하는 훈련을 합니다.

① 오늘 묵상을 위해 기도하기
② 오늘 묵상 본문 89절에서 96절까지 천천히 자신의 귀에 들리도록 7번 읽기
③ 감동이 오는 한 절이나 한 문장이나 단어 기록하기
④ 감동받은 말씀을 암송한 후 하루 종일 묵상하기
⑤ 하나님의 음성 듣고 기록하기
⑥ 삶에 적용하고 기록하기
⑦ 취침 전에 하루 묵상을 정리하고 기도하기

13 장
묵상과 명철

"97 내가 주의 법을 어찌 그리 사랑하는지요 내가 그것을 종일 작은 소리로 읊조리나이다. 98 주의 계명들이 항상 나와 함께 하므로 그것들이 나를 원수보다 지혜롭게 하나이다. 99 내가 주의 증거들을 늘 읊조리므로 나의 명철함이 나의 모든 스승보다 나으며, 100 주의 법도들을 지키므로 나의 명철함이 노인보다 나으니이다. 101 내가 주의 말씀을 지키려고 발을 금하여 모든 악한 길로 가지 아니하였사오며, 102 주께서 나를 가르치셨으므로 내가 주의 규례들에서 떠나지 아니하였나이다. 103 주의 말씀의 맛이 내게 어찌 그리 단지요 내 입에 꿀보다 더 다니이다. 104 주의 법도들로 말미암아 내가 명철하게 되었으므로 모든 거짓 행위를 미워하나이다"(시 119:97-104).

미국의 사우스다코타 주의 러시모어 산에는 약 20미터 크기로 조각된 네 개의 '큰 바위 얼굴'상이 있다. 조각가 굿존 보글럼(G. Borglum, 1867-1941)이 15년 동안 조각한 작품으로, 네 조각상은 하나님의 말씀을 사랑한 미국의 역대 대통령들이다. 미국의 초대 대통령인 조지 워싱턴, 3대 대통령 제프슨, 16대 대통령 아브라함 링컨, 26대 대통령 루즈벨트의 얼굴을 각각 조각한 것이다. 그들은 성경에 대해 다음과 같이 말하였다.

미국의 초대 대통령 조지 워싱턴
"하나님과 성경을 모르고 바른 정치를 하는 것은 불가능하다."

3대 대통령 제퍼슨
"하나님의 말씀인 성경은 인간에게 주신 가장 유익한 도덕률이며, 이 나라는 성경의 기초 위에 서 있다."

16대 대통령 아브라함 링컨
"성경은 하나님이 인간에게 주신 최고이자 최대의 선물이다."

26대 대통령 루즈벨트
"자기 인생을 참되게 살고자 하는 사람이라면 성경을 주의 깊게 연구하라."

미국의 훌륭한 대통령들의 전기를 읽다보면 그들의 삶의 구석구석에서 하나님의 흔적을 엿볼 수 있다. 그들은 성경을 통해서 하나님이 주시는 지혜와 명철로 정치를 행하고 그것을 삶에 적용했다. 무엇보다도 명철이 탁월하였다. 명철은 쉽게 말하면 '분별력, 통찰력'이다. 명철을 얻어 삶에서 일어나는 여러 사건들을 잘 분별할 수 있다면 많은 실수를 줄일 수 있을 것이다.

21C 포스트모더니즘은 모호함과 혼란의 덩어리이다. 무엇이 바른 가치이며, 무엇이 진실인지가 모호한 혼란스러운 시대이다. 다수가 옳다고 동의하는 의견에도 많은 오류가 존재한다. 비진리가 진리로 변형되어 역작용을 일으키기도 한다. 특히 가치체계나 도덕관에서 그러하다. 사회 구성원 대다수가 가지고 있는 도덕관이 옳지 않은 경우가 많은 것을 우리는 흔히 발견한다. 그런데 그 속에서 그리스도인의 분별력이 빛나고 탁월하다는 것을 보게 되는 경우도 드물다. 그리스도인들도 정제되지 않

은 가치의 소용돌이 속에서 헤매고 있기 때문이다. 이런 혼란한 사회를 살아가는데 꼭 필요한 것이 분별력과 통찰력인데, 이것은 말씀을 통한 명철로부터 얻을 수 있다.

말씀을 항상 묵상하는 사람의 명철함은 모든 스승보다 뛰어나다. 또한 말씀을 지키는 사람의 명철함은 노련한 노인보다 탁월하다. 본문 말씀이 이를 증거하고 있다.

"내가 주의 증거들을 늘 읊조리므로 나의 명철함이 나의 모든 스승보다 나으며, 주의 법도들을 지키므로 나의 명철함이 노인보다 나으니이다"(시 119:99-100).

왜일까? 모든 것 위에 뛰어나신 하나님께서 명철을 주시기 때문이다. 하나님은 날마다 말씀을 묵상하는 사람에게 분별력과 통찰력을 주셔서 그 사람의 삶을 윤택하게 하신다.

"지혜가 제일이니 지혜를 얻으라 네가 얻은 모든 것을 가지고 명철을 얻을지니라"(잠 4:7).

"여호와를 경외하는 것이 지혜의 근본이요 거룩한 자를 아는 것이 명철이니라"(잠 9:10).

"지혜를 얻는 자는 자기 영혼을 사랑하고 명철을 지키는 자는 복을 얻느니라"(잠 19:8).

말씀 묵상을 통하여 명철을 사야 한다. 명철을 사기 위해서는 대가 지불을 해야 한다. 어떤 대가 지불인가? 시간을 투자하고 정성을 다하여서 날마다 말씀 앞에 서는 것이다. 매일 말씀을 묵상한다는 것은 상당한 인내와 끈기가 요구되는 일이다. 매일매일 묵상한다는 것은 말처럼 쉽지만은 않은 일이다. 몸이 기억할 때까지 반복해야만 습관이 되기 때문이다. 그래서 묵상의 습관화가 중요하다. 몸이 기억하는 습관으로 자리잡으면 매일 묵상이 가능해진다.

거룩한 자, 하나님을 아는 것이 명철이다. 하나님을 알고 그의 말씀을 지키는 자는 복을 얻는다. 말씀 묵상이 깊어지면 하나님의 성품을 더욱 잘 알게 된다. 멀리만 계시던 하나님이 친밀하게 다가오신다. 하나님과 친밀해지면 그분의 음성을 들을 때마다 영혼이 반응하게 되고 그분의 지혜와 명철이 부어진다. 명철을 얻는 것도 중요하지만 이것을 지키고 지속적으로 유지하는 자가 복 있는 사람이다. 이를 위해서는 주야로 성경을 묵상하고 기록된 대로 다 지켜 행하도록 힘써야 한다. 그리하면 말씀은 우리를 더 깊은 명철의 세계로 인도하여 통찰력을 갖게 된다.

"사람의 마음에 있는 모략은 깊은 물 같으니라 그럴지라도 명철한 사람은 그것을 길어 내느니라"(잠 20:5).

깊은 우물 속에 있는 물을 길어 올리는 것은 쉬운 일이 아니다. 사람 마음속에 꼭꼭 감추어진 생각은 깊은 우물 속의 물처럼 쉽게 알 수가 없다. '열 길 물속은 알아도 한 길 사람 속은 모른다.'고 하지 않는가. 그런데 명철한 사람은 그것을 알아챈다. 사람의 깊은 속에 세워진 의도하는 목적과 계획, 충고들을 명철하여 통찰력을 가진 사람은 간파한다는 것이다. 그렇다.

> "대저 여호와는 지혜를 주시며 지식과 명철을 그 입에서 내 심이며"(잠 2:6).

명철이 하나님으로부터 온 것이기 때문에 그렇다. 하나님의 지략과 모략이 더 뛰어나시니 그분의 명철을 소유한 사람은 다른 사람의 마음에 있는 모략을 읽어낸다. 말씀을 가까이 하는 맑은 영혼의 소유자가 될 때 누리는 복이라 하겠다.

13장   묵 삶 실 천 노 트

묵상과 명철 묵상하기

오늘 본문으로 일어나서 잠들기 전까지 묵상하고 기도하는 훈련을 합니다.

① 오늘 묵상을 위해 기도하기
② 오늘 묵상 본문 97절에서 104절까지 천천히 자신의 귀에 들리도록 7번 읽기
③ 감동이 오는 한 절이나 한 문장이나 단어 기록하기
④ 감동받은 말씀을 암송한 후 하루 종일 묵상하기
⑤ 하나님의 음성 듣고 기록하기
⑥ 삶에 적용하고 기록하기
⑦ 취침 전에 하루 묵상을 정리하고 기도하기

14장
묵상과 공의

"105 주의 말씀은 내 발에 등이요 내 길에 빛이니이다. 106 주의 의로운 규례들을 지키기로 맹세하고 굳게 정하였나이다. 107 나의 고난이 매우 심하오니 여호와여 주의 말씀대로 나를 살아나게 하소서. 108 여호와여 구하오니 내 입이 드리는 자원제물을 받으시고 주의 공의를 내게 가르치소서. 109 나의 생명이 항상 위기에 있사오나 나는 주의 법을 잊지 아니하나이다. 110 악인들이 나를 해하려고 올무를 놓았사오나 나는 주의 법도들에서 떠나지 아니하였나이다. 111 주의 증거들로 내가 영원히 나의 기업을 삼았사오니 이는 내 마음의 즐거움이 됨이니이다. 112 내가 주의 율례들을 영원히 행하려고 내 마음을 기울였나이다"(시 119:105-112).

인간은 정의를 실행할 능력이 있는가? 이 땅에서 정의롭게 살 수 있는 존재인가? 이 질문에 대한 답은 이렇다. 인간은 정의를 실행할 수 있으며 정의롭게 살 수 있는 존재이다. 그 이유는 하나님께 일반 은총을 받았기 때문이다. 대표적인 일반 은총은 양심이다. 인간은 양심이 있기에 정의를 행할 수 있고, 양심이 있기에 도덕적인 삶을 살 수 있다.

사람은 이성적인 존재이다. 쉽게 말하면 생각하는 존재이다. 바른 생각은 바른 양심으로 이어지고 바른 양심은 정의를 행하게 하는 바탕이 된다. 바른 양심을 가진 자는 정의를 행할 수 있다. 사람들은 흔히 심성이 착하고 바른 사람에 대해 말하기를 "저 사람은 법이 없어도 살 사람"이라고 한다. 양심에 거리낌이 없이 바르게 산다는 의미의 관용적인 표현이다. 즉, 정의로운 삶을 산다는 뜻이다. 이렇듯 세상은 하나님 없이도 정의를 행할 수 있다.

하지만 세상이 하나님 없이 정의는 행할 수 있을지 모르나, 공의로 말하자면 이야기는 달라진다. 정의와는 다르게 공의는 하나님 없이는 실행 될 수 없는 것이기 때문이다. 하나님을 알지 못하는 사람은 공의를 행할 수 없다. '공의'는 히브리어로 '체다카'(צדקה)라고 하는데, 이 말은 "선과 악을 정확하게 분별하는 하나님의 성품"이라는 뜻을 담고 있다. 또 다른 의미로는 "하나님의 완전하고 의로운 법"을 말한다. 하나님은 완전하시고 정확

하시고 의로우신 분이시다

창조주 하나님은 피조물에 대한 온전하신 뜻이 있다. 특히 하나님의 백성을 향한 온전하신 뜻을 가지고 계신다. 이 모든 것은 공의에 속하는 것이다. 하나님의 사람은 하나님의 온전하신 뜻인 공의를 행하는 소명자이다.

공의는 하나님의 말씀이다. 본문에서 시인은 '주의 공의를 내게 가르치소서'라고 기도하고 있다. 시인은 인생의 고난과 위기 상황에서 하나님의 공의인 말씀을 잊지 않고 지킬 수 있게 해달라고 기도한다. 하나님의 말씀을 따르는 것이 가장 안전한 것임을 알기에 간구하는 것이다. 하나님의 말씀이 완전한 공의이기 때문에 말씀을 묵상하는 사람은 하나님의 완전하신 공의를 따를 수 있다.

> "여호와여 구하오니 내 입이 드리는 자원제물을 받으시고 주의 공의를 내게 가르치소서"(시119:108)

이스라엘의 통치자 다윗은 항상 하나님의 뜻을 알고 그 뜻대로 이스라엘을 다스리기를 소망하였다. 하나님의 뜻을 알면 공의와 정의를 행할 수 있기 때문이다.

> "다윗이 온 이스라엘을 다스려 다윗이 모든 백성에게 정의와 공의를 행할새"(삼하 8:15).

하나님의 공의를 깨닫는 것이 중요한 왕의 책무라는 것을 누구보다 잘 알고 있었던 다윗의 모습은 아들 솔로몬의 고백을 통해서도 고스란히 증거 된다.

> "솔로몬이 이르되 주의 종 내 아버지 다윗이 성실과 공의와 정직한 마음으로 주와 함께 주 앞에서 행하므로 주께서 그에게 큰 은혜를 베푸셨고 주께서 또 그를 위하여 이 큰 은혜를 항상 주사 오늘과 같이 그의 자리에 앉을 아들을 그에게 주셨나이다"(왕상 3:6).

아들 솔로몬도 인정한 다윗의 힘은 성실과 공의와 정직한 마음이었다. 솔로몬이 아버지 다윗에 대하여 증거하는 말씀을 읽다보면 성실하게 말씀 앞에 서는 다윗의 모습이 그려진다. 깊은 묵상을 통해 하나님의 음성을 듣고 순종하며 정직하게 공의를 행하는 아버지의 모습을 아들 솔로몬은 놓치지 않고 보았던 것이다. 그렇게 하나님 앞에 인정받은 아버지의 모습 때문에 자신이 왕의 자리를 물려 받을 수 있었음을 인정하는 솔로몬의 모습은 하나님으로부터 지혜롭고 총명한 마음을 받은 자답다.

묵상을 하면 할수록 성실과 정직한 마음이 중요하다는 것을 느낀다. 성실과 정직한 마음으로 하나님의 말씀을 읽고 묵상해야 공의를 행할 수 있다. 말씀을 묵상하지 않고 공의를 행한다고 하는 사람은 스스로를 속이고 하나님을 속이는 것이다. 그것은 자신의 생각에서 나오는 의를 행하는 것이지 하나님이 기뻐하시는 공의는 아니기 때문이다.

자신의 백성들이 공의를 행하는 자가 되기를 원하는 하나님의 마음은 미가서에도 잘 드러나 있다. 선지자 미가는 "주님 앞에 나아갈 때에 제가 무엇을 가지고 가야 합니까?"라고 물었다. 미가는 수천 마리의 번제물과 강줄기를 채울 수 있을 만큼의 기름을 가져가서 주님이 기뻐하신다면 그렇게 하고 싶었다. 허물과 죄를 용서해 주시기를 바라며 몸의 열매인 자식이라도 내어 드리는 것이 주님을 기쁘시게 하는 것이라면 그 희생을 치를 준비도 되어 있었다. 그러나 소중하고 귀한 것을 다 드릴 준비가 되어 있는 그에게 주님이 나직하게 말씀하셨다.

"너 사람아, 무엇이 착한 일인지를 주님께서 이미 말씀하셨다. 주님께서 너에게 요구하시는 것이 무엇인지도 이미 말씀하셨다. 오로지 공의를 실천하며 인자를 사랑하며 겸손히 네 하나님과 함께 행하는 것이 아니냐!"(미 6:8, 새번역).

대단한 번제물과 희생을 통해 하나님을 기쁘시게 하는 것이 아니다. 아버지의 마음을 헤아려 드리고 그분의 뜻을 행하는 것이 우선이고 본질이다.

14장 묵삶 실천 노트

묵상과 공의 묵상하기

오늘 본문으로 일어나서 잠들기 전까지 묵상하고 기도하는 훈련을 합니다.

① 오늘 묵상을 위해 기도하기
② 오늘 묵상 본문 105절에서 112절까지 천천히 자신의 귀에 들리도록 7번 읽기
③ 감동이 오는 한 절이나 한 문장이나 단어 기록하기
④ 감동받은 말씀을 암송한 후 하루 종일 묵상하기
⑤ 하나님의 음성 듣고 기록하기
⑥ 삶에 적용하고 기록하기
⑦ 취침 전에 하루 묵상을 정리하고 기도하기

15장
묵상과 소망

"113 내가 두 마음 품는 자들을 미워하고 주의 법을 사랑하나이다. 114 주는 나의 은신처요 방패시라 내가 주의 말씀을 바라나이다. 115 너희 행악자들이여 나를 떠날지어다 나는 내 하나님의 계명들을 지키리로다. 116 주의 말씀대로 나를 붙들어 살게 하시고 내 소망이 부끄럽지 않게 하소서. 117 나를 붙드소서 그리하시면 내가 구원을 얻고 주의 율례들에 항상 주의하리이다. 118 주의 율례들에서 떠나는 자는 주께서 다 멸시하셨으니 그들의 속임수는 허무함이니이다. 119 주께서 세상의 모든 악인들을 찌꺼기 같이 버리시니 그러므로 내가 주의 증거들을 사랑하나이다. 120 내 육체가 주를 두려워함으로 떨며 내가 또 주의 심판을 두려워하나이다"(시 119:113-120).

몇 년 전에 동대구역에서 일을 보고 부산으로 가는 무궁화 열차를 탔다. 4호차 44번 좌석이었다. 숫자 4가 세 개나 들어간 차량 번호라 또렷이 기억이 난다. 그러나 무엇보다도 이 열차 안에서 있었던 특별한 기억 때문에 차량 번호가 더욱 잊혀 지지를 않는다. 나는 혼자 열차를 이용할 때에는 내 옆 좌석에 앉을 사람을 기대하며 기도한다. 옆 좌석에 앉을 사람에게 복음의 문이 열리는 기회가 되길 바라면서 말이다. 그래서 음료수도 1개가 아닌 2개를 준비한다.

이 날도 여느 때와 다름없이 기도하고 대접할 음료수까지 준비해 놓고 내 옆 좌석에 앉을 사람을 기다리고 있는데, 할머니 한 분이 내 자리 옆으로 왔다 갔다 하셨다. 할머니는 좌석이 없는 입석표를 가지고 있었던 것이다. 나는 그 할머니를 비어있는 내 옆 좌석에 앉으시게 했다. 10분 후 경산역에 정차하자 본래 내 옆 좌석의 진짜 승객인 할머니가 타셨다. 나는 내 자리를 그 할머니에게 내어드리고, 서서 가기로 하였다. 그리고 준비한 2개의 음료수를 두 할머니들께 드렸다. 그러자 입석임에도 불구하고 내 옆 좌석에 앉게 되신 할머니는 어쩔 줄 몰라 하시며 연신 나를 향해 고맙다고 하셨다. 내가 그 할머니에게 어디가시는 길이냐고 여쭈어보자 자신은 독실한 불교신자로서 대구 팔공산 갓바위에 올라가 불공을 드리고 부산으로 가는 길이라고 하셨다. 그런데 마침 나중에 경산역에서 타신 할머니는 신앙생활을 열심히 하시는 크리스천이셨다. 종교가 상반되는 두 분이 나란히 앉게 된 것이다.

간단한 자기소개가 끝나자 신앙생활하시는 할머니가 먼저 입을 여시고 옆 좌석 할머니에게 교회생활의 기쁨을 이야기 하셨다. 그리고 간증도 하셨다. 그 할머니의 간증이 끝나자, 나는 적당한 때를 보아서 복음의 말씀을 전했다. 옆 좌석 할머니는 마음을 열고 내가 전하는 복음을 잘 들으시는 듯했다. 그리고 이내 자신이 직면하고 있는 현실의 어려운 문제에 관하여 고민을 털어 놓으셨다. 자녀의 가정이 깨어짐으로 인해서 느끼는 어머니로서의 고통을 말씀하실 때는 측은한 마음이 들어 안타까웠다. 나는 할머니에게 이제껏 한 번도 들어보지 못한 새로운 소망, 예수님을 다시 상기시켜 드렸다. 그리고 할머니의 열린 마음에 예수님을 구주로 믿고 구원받아 천국의 소망을 가지시라고 말씀 드렸다. 할머니의 여생 가운데 계속 복음의 역사가 일어나 구원 받기를 기도해 드렸다.

소망을 가진 사람은 현재의 어려움과 불편함을 감내한다. 기대하는 미래가 있기 때문이다. 현재에는 단순히 희망사항에 지나지 않는 것 같지만 다가올 미래에는 그것이 실제로 이루어진다는 꿈을 지니고 있기 때문이다. 만일 누군가가 "저에게는 남은 소망이 없습니다."라는 말을 한다면 듣고 있는 사람은 가슴이 철렁 내려앉는다. 소망이 끊어진 사람의 심리상태가 얼마나 위험한지 알기 때문이다. 그만큼 소망은 한 사람을 살아가게 하는 이유가 된다.

"주의 말씀대로 나를 붙들어서 살게 하시고 내 소망이 부끄럽지 않게 하소서"(시 119:116).

어떤 상황 속에서도 말씀을 붙들어서 자신도 흔들리지 않고 소망도 무색하게 되지 않기를 시인은 기도하고 있다. 소망과 소망을 품은 사람은 일체이기 때문에 자신이 가진 구원의 소망이 부끄럽게 되지 않기를 간구하는 것이다. 하나님께 소망을 두고 살아가는 인생에게 복을 내려 달라는 간절한 기도이기도 하다.

"야곱의 하나님을 자기의 도움으로 삼으며 여호와 자기 하나님에게 자기의 소망을 두는 자는 복이 있도다"(시 146:5).

성경은 귀하고 값진 것을 얻을 때 마땅히 지불해야 할 대가에 관하여 종종 언급한다. 값진 진주를 얻기 위하여 가진 소유를 다 팔아야 하는 예가 그러하다. 소망을 이루어가는 과정도 환난과 인내와 연단이라는 불을 통과해야 한다. 소망은 거저 얻어지는 것이 아니다.

환난은 우리를 실패자로 몰아가려는 하나님의 가혹한 계획이 아니다. 환난 가운데 있을 때 원망하며 넋두리를 늘어놓아 스트레스를 해소하라는 뜻은 더더욱 아니다. 더욱 믿음의 단계로, 더욱 성숙한 믿음의 사람으로 거듭나게 하려는 주님의 계획이다. 환난은 그것 자체가 결과가 아니라 소망으로 나아가는 과정이기 때문에 주님은 현실을 보고 속단하지 말고 환난을 즐거워하라고 말씀하신다.

"우리가 환난 중에도 즐거워하나니 이는 환난은 인내를, 인내는 연단을, 연단은 소망을 이루는 줄 앎이로다"(롬 5:3-4).

소망을 품고 약속을 기다리는 사람은 환난을 통과하면서 인내라는 고귀한 성품의 옷을 입는다. 그리고 연단을 바라보게 된다. 연단의 사전적인 의미는 '쇠붙이를 불에 달구어 두드려서 단단하게 하는 것'을 말한다. 연단의 사람, 욥은 주님이 자신을 단련하신 후에는 정금같이 나오리라며 주님을 찬양했다. 그리고 주님께 그 믿음을 인정받았다. 환난과 인내와 연단의 과정을 욥처럼 절감한 사람이 어디 흔하겠는가.

연단의 과정을 거치며 우리는 예수 그리스도의 온전한 제자가 되어 간다. 내면의 모든 불순물이 제거되고 온전한 성품에 참예하는 자가 되어간다. 예수님을 닮은 성품을 구비하여 그리스도를 온전히 따라가는 소망의 사람이 되어간다. 이 소망은 어떤 경우에도 흔들리지 않는다. 왜일까? 환난을 이기는 훈련을 통하여 인내를 이루었기 때문이다. 인내를 온전히 이루어 연단의 불 속을 통과하면서 예수님의 제자가 되었기 때문이다.

말씀을 묵상하는 사람의 소망은 흔들리지 않는다. 주님의 시선이 묵상하는 그 사람에게 있기 때문이다. 그의 소망도 함께 보호를 받기 때문이다.

15장 　　　　　　　　묵 삶 실 천 노 트

묵상과 소망 묵상하기

오늘 본문으로 일어나서 잠들기 전까지 묵상하고 기도하는 훈련을 합니다.

① 오늘 묵상을 위해 기도하기
② 오늘 묵상 본문 113절에서 120절까지 천천히 자신의 귀에 들리도록 7번 읽기
③ 감동이 오는 한 절이나 한 문장이나 단어 기록하기
④ 감동받은 말씀을 암송한 후 하루 종일 묵상하기
⑤ 하나님의 음성 듣고 기록하기
⑥ 삶에 적용하고 기록하기
⑦ 취침 전에 하루 묵상을 정리하고 기도하기

4부
묵상의 깊이

16장 묵상과 피곤

17장 묵상과 깨달음

18장 묵상과 영원함

19장 묵상과 새벽

20장 묵상과 기도

16 장
묵상과 피곤

"121 내가 정의와 공의를 행하였사오니 나를 박해하는 자들에게 나를 넘기지 마옵소서. 122 주의 종을 보증하사 복을 얻게 하시고 교만한 자들이 나를 박해하지 못하게 하소서. 123 내 눈이 주의 구원과 주의 의로운 말씀을 사모하기에 피곤하니이다. 124 주의 인자하심대로 주의 종에게 행하사 내게 주의 율례들을 가르치소서. 125 나는 주의 종이오니 나를 깨닫게 하사 주의 증거들을 알게 하소서. 126 그들이 주의 법을 폐하였사오니 지금은 여호와께서 일하실 때니이다. 127 그러므로 내가 주의 계명들을 금 곧 순금보다 더 사랑하나이다. 128 그러므로 내가 범사에 모든 주의 법도들을 바르게 여기고 모든 거짓 행위를 미워하나이다"(시 119:121-128).

오늘날 현대인들은 피곤과 스트레스에 짓눌려 있다. 가정과 인간관계, 직장과 사업, 성공에 대한 압박감, 끊임없는 경쟁으로 인한 탈진, 그리고 불투명한 미래 등, 다양한 요소들에 의해 영혼과 육체가 공격을 받고 있다. 이러한 것으로부터 야기되는 피곤과 스트레스는 심각하다. 그런데 피곤에는 두 얼굴이 있다.

파괴적 피곤과 생산적 피곤이다. 파괴적 피곤의 예는 술과 담배 등을 과도하게 하여 육체를 힘들게 함으로써 오는 피곤이나, 지나친 운동으로 인해 오히려 더 피곤해 지는 것 등이다. 생산적 피곤은 가족들과 함께 산책을 하고 건강을 유지하기 위해 적당히 운동하는 것, 이웃을 위해 땀 흘려 자원봉사 하는 것, 그리고 교회에서 행하는 다양한 봉사 등이 있다. 무엇보다 영적인 건강을 위해 말씀 읽기, 묵상, 그리고 기도하는 것 등은 생산적 피곤에 포함된다.

말씀 읽기와 묵상, 그리고 기도에 시간을 많이 투자하면 할수록 마음은 행복해지지만, 육체는 피곤해진다. 시인도 역시 말씀을 사모하기에 눈이 피곤해지는 것을 경험하고 있다.

"내 눈이 주의 구원과 주의 의로운 말씀을 사모하기에 피곤하니이다"(시 119:123).

구원과 말씀을 사모하여 주를 기다리고 또 기다리다 보니 밤에도 새벽에도 눈이 피곤하다. 시인은 여러 가지 고난 속에서 주님의 말씀을 통한 응답을 기다리며 인내하고 있다. 이 과정이 심히 피곤한 것이다. 이 피곤은 영적인 성장을 위한 아름다운 피곤이며 하나님이 기뻐하시는 피곤이다. 주의 말씀을 열렬히 사모하여 이런 피곤을 경험한 적이 있는가?

> "내가 날이 밝기 전에 부르짖으며 주의 말씀을 바랐사오며, 주의 말씀을 조용히 읊조리려고 내가 새벽녘에 눈을 떴나이다"(시 119:147-148).

나는 지금까지 다양한 성경 읽기와 묵상을 경험하였다. 그중에서도 청년 때 있었던 일로, 지금도 기억나는 성경 읽기의 경험이 있다. 3박 4일 동안 20여 명의 청년들이 둘러앉아 돌아가면서 성경 전체를 읽는 프로그램이었다. 3박 4일에 성경 일독을 하려면 5시간 수면과 식사시간을 제외한 나머지 모든 시간을 성경 읽기에만 집중해야 한다.

둘째 날부터 육체가 피곤해지기 시작했다. 특히 눈의 피로가 극심했다. 온 힘을 다해 집중했기 때문이다. 그런데 마음은 기대와 함께 기쁨으로 충만했다. 왜냐하면 처음으로 성경 일독을 하다 보니 뿌듯함과 함께 다음 스토리가 기대가 되었기 때문이다. 말씀 한 권, 한 권을 정복해 가는 기쁨이 육체의 피곤을 물리치고 영적인 기쁨을 만끽하는 행복한 피곤으로 바뀌었다. 성경을 완독한 후에는 마음 한 편에 환희가 남았다. 진리에 대하여 사모하는 마음이 생겼기 때문이다.

이것은 하나님의 진리의 말씀을 깊이 알아가는 기쁨을 맛본 사람이라면 누구나 공감할 수 있다. 영혼이 잘 되는 것이 무엇보다 소중한 것임을 깨닫는 순간, 이제까지 희미하게 보였던 진리의 세계가 좀 더 분명하게 다가온다. 사도 요한은 주의 백성들이 진리를 알아 진리를 행하는 것이 최고의 기쁨이라고 했다.

"사랑하는 자여 네 영혼이 잘됨 같이 네가 범사에 잘되고 강건하기를 내가 간구하노라. 형제들이 와서 네게 있는 진리를 증언하되 네가 진리 안에서 행한다 하니 내가 심히 기뻐하노라. 내가 내 자녀들이 진리 안에서 행한다 함을 듣는 것보다 더 기쁜 일이 없도다"(요삼 1:2-4).

바울은 그리스도인의 삶에는 우선이 있고 차선이 있다고 말한다. 바울이 말하는 우선은 경건의 훈련이다. 이를 위하여 말씀 묵상과 기도로 거룩하여져서 경건에 이르라고 권면하고 있다. 차선은 육체의 훈련이다. 바울은 육체의 훈련 역시 약간의 유익이 있다고 말한다.

"하나님의 말씀과 기도로 거룩하여짐이라. 네가 이것으로 형제를 깨우치면 그리스도 예수의 좋은 일꾼이 되어 믿음의 말씀과 네가 따르는 좋은 교훈으로 양육을 받으리라. 망령되고 허탄한 신화를 버리고 경건에 이르도록 네 자신을 연단하라. 육체의 연단은 약간의 유익이 있으나 경건은 범사에 유익하니 금생과 내생에 약속이 있느니라"(딤전 4:5-8).

경건에 이르게 하는 가장 훌륭한 도구는 말씀 묵상과 기도이다. 이것은 우리 자신의 연단 도구이기도 하다. 내면의 불순물을 제거하기 위하여 수없이 많은 담금질을 반복하는 금이나 은처럼, 말씀과 기도는 우리를 변화시킨다. 반복되는 담금질을 통해 우리를 제대로 변화시킨다. 눈이 피곤할 정도로 집중하여 묵상과 기도를 하다 보면 경건의 가치를 깊이 알게 된다. 경건은 범사에 유익하다. 이 땅에서의 삶뿐만 아니라 내생에서도 약속이 있다.

우리가 살아가는 이 땅에서의 삶은 고단한 일의 연속이다. 시련의 산을 지속적으로 넘어야 한다. 이것을 자신의 힘만으로 해결하려 한다면 금방 지치고 실패하기 마련이다. 날마다 묵상과 기도의 자리를 지키며 하나님이 주시는 새 힘을 공급받아야 한다. 하나님은 전혀 피곤을 느끼지 않으시며, 피곤한 사람에게 힘을 주셔서 기력을 회복하도록 도와주시기 때문이다.

"너는 알지 못하였느냐 듣지 못하였느냐 영원하신 하나님 여호와, 땅 끝까지 창조하신 이는 피곤하지 않으시며 곤비하지 않으시며 명철이 한이 없으시며. 피곤한 자에게는 능력을 주시며 무능한 자에게는 힘을 더하시나니. 소년이라도 피곤하며 곤비하며 장정이라도 넘어지며 쓰러지되. 오직 여호와를 앙망하는 자는 새 힘을 얻으리니 독수리가 날개치며 올라감 같을 것이요 달음박질하여도 곤비하지 아니하겠고 걸어가도 피곤하지 아니하리로다"(사 40:28-31).

16장   묵삶 실천 노트

묵상과 피곤 묵상하기

오늘 본문으로 일어나서 잠들기 전까지 묵상하고 기도하는 훈련을 합니다.

① 오늘 묵상을 위해 기도하기
② 오늘 묵상 본문 121절에서 128절까지 천천히 자신의 귀에 들리도록 7번 읽기
③ 감동이 오는 한 절이나 한 문장이나 단어 기록하기
④ 감동받은 말씀을 암송한 후 하루 종일 묵상하기
⑤ 하나님의 음성 듣고 기록하기
⑥ 삶에 적용하고 기록하기
⑦ 취침 전에 하루 묵상을 정리하고 기도하기

17장
묵상과 깨달음

"129 주의 증거들은 놀라우므로 내 영혼이 이를 지키나이다. 130 주의 말씀을 열면 빛이 비치어 우둔한 사람들을 깨닫게 하나이다. 131 내가 주의 계명들을 사모하므로 내가 입을 열고 헐떡였나이다. 132 주의 이름을 사랑하는 자들에게 베푸시던 대로 내게 돌이키사 내게 은혜를 베푸소서. 133 나의 발걸음을 주의 말씀에 굳게 세우시고 어떤 죄악도 나를 주관하지 못하게 하소서. 134 사람의 박해에서 나를 구원하소서 그리하시면 내가 주의 법도들을 지키리이다. 135 주의 얼굴을 주의 종에게 비추시고 주의 율례로 나를 가르치소서. 136 그들이 주의 법을 지키지 아니하므로 내 눈물이 시냇물 같이 흐르나이다"(시 119:129-136).

성경은 지혜의 근본이 하나님을 경외하는 것이며, 거룩하신 하나님을 아는 것이 명철이라고 말씀하고 있다(잠 9:10). 생명의 말씀을 날마다 경험하게 되면 하나님을 경외할 수밖에 없다. 하나님을 경외하면 지혜의 문이 열리게 된다. 지혜의 문이 열리면 세상 만물을 바라보는 시각이 달라지며, 인류 역사를 바라보는 시각도 달라진다. 역사의 분기점에 서 계시는 예수님을 만나게 되기 때문이다. 예수 그리스도께서 이 땅에 오시기 전의 역사를 B.C.(Before Christ: 그리스도 이전)라고 한다. 예수 그리스도께서 오신 이후를 A.D.(Anno Domini: 라틴어로 예수 그리스도의 해)라고 한다. 인류의 구원자로 오신 예수 그리스도를 시작으로 역사가 바뀌었다.

구원자 예수 그리스도를 알게 되면 인간의 전적인 타락과 부패를 이해하게 되고, 자신이 얼마나 무능한 존재인가를 깨닫게 된다. 창조주 하나님과 구원자 예수 그리스도와 영이신 성령님을 경험하면 지혜와 명철과 지식의 새로운 세계를 깨닫게 된다.

본문에서 시인은 "주의 말씀을 열면 빛이 비치어 우둔한 사람들을 깨닫게 한다."고 고백한다. 수많은 그리스도인들이 고백하는 공통점이 이 부분이다.

"주의 말씀을 열면 빛이 비치어 우둔한 사람들을 깨닫게 하나이다"(시 119:130).

하나님의 말씀을 모르고 살았던 과거의 삶과 말씀을 알고 깨닫게 된 이후의 삶은 하늘과 땅의 차이처럼 삶에 큰 변화를 가져다준다.

나 또한 하나님의 말씀을 몰랐던 중학교 시절까지의 삶과 교회에 다니기 시작한 고등학교 시절의 삶은 판이하게 달랐다. 고등학교 1학년 여름부터 옆집 사는 장로님의 권유로 신앙생활을 시작했는데, 그 시기에 나는 생명의 말씀을 하나하나 알아가는 과정에서 이루 말할 수 없는 기쁨과 감격을 누렸다. 무조건 하나님의 말씀이 좋았고 말씀이 잘 깨달아졌다.

특히 기억나는 한 가지 사건은 고3때 고등부 자체적으로 실시한 5분 설교대회이다. 전도사님과 선생님들이 심사를 보았고 많은 학생들이 참가하였다. 나도 고린도후서 4장 7절부터 11절까지의 말씀을 선택하여 '오뚜기 신앙'이라는 제목으로 설교를 하였다. 결과는 1등이었다. 그 당시 나 자신뿐만 아니라 많은 사람들이 놀랐던 것으로 기억한다. 왜냐하면 그전까지 나는 말을 잘하는 아이가 아니었다. 앞에 나서서 무언가를 쉽게 하는 성격도 못되었다. 조용한 아이 인생에 새로운 일이 일어난 것이다.

그때 나를 가르쳤던 선생님께서는 훗날 목사가 된 내게 그때 일을 이렇게 말씀하셨다. "그때 주님께서 김목사에게 지혜의 빛을 부어 주신 게 분명해! 그런 내용을 어떻게 깨달았을까. 하나님이 깨닫게 해주신 게 분명해. 어찌 그리 말을 잘 하던지…. 깜짝 놀랐어." 그 분은 33년이 지난 지금도 매일 나를 위해 기도하신다고 한다.

> "핍박을 받아도 버린바 되지 아니하며 거꾸러뜨림을 당하여도 망하지 아니하고. 우리가 항상 예수 죽인 것을 몸에 짊어짐은 예수의 생명도 우리 몸에 나타나게 하려 함이라"(고후 4:9-10).

설교 내용은 대강 이런 거였다. "신앙은 오뚜기처럼 넘어졌다가도 다시 일어나는 것이다. 오뚜기 안에 있는 보이지 않는 중심추가 오뚜기를 일으켜 세우듯, 마음 중심에 나의 생명되신 예수 그리스도를 모시고 있으면 언제든지 다시 일어날 수 있다. 예수님이 일으켜 세우시기 때문이다." 좌절하지 말고 절망하지 말라는 내용이었다. 물론 내 자신에게 던지는 메시지이기도 했다.

그 무렵 데살로니가전서 2장 8절 말씀에서도 나는 적잖은 충격을 받았다. 이 말씀은 지금까지 25년 가까이 일본 선교에 시간과 젊음을 투자하는 직접적인 계기가 되었다.

> "우리가 이같이 너희를 사모하여 하나님의 복음뿐 아니라 우리의 목숨까지도 너희에게 주기를 기뻐함은 너희가 우리의 사랑하는 자 됨이라"(살전 2:8).

여기서 가리키는 '우리'는 바울과 그의 동역자들이며, '너희'로 지칭되는 자들은 데살로니가 교회 성도들을 일컫는다. 바울과 그의 동역자들은 사랑하는 형제를 위하여 복음뿐 아니라 자신들의 목숨까지도 내어놓을 수 있다고 고백한다. 예수 그리스도 안에서 한 형제가 되었으므로 형제를 자기 자신처럼 사랑하게 되었기 때문이다. 말씀과 하나가 된 사람은 결코 세상이 감당할 수 없는 일을 기꺼이 감당하는 사람이 된다. 나의 목숨을 내어주고서라도 형제를 살리는 것을 기쁨이라고 한다면 이 비밀을 세상이 이해할 수 있겠는가? 하나님 안에서 비밀을 깨달은 자만이 할 수 있는 고백이다.

아무리 좋은 것이라 할지라도 하나님의 말씀을 듣고 깨닫는 것보다 앞선다면 그건 결코 좋은 것이 아니다. 아무리 많은 선행과 봉사와 헌신을 한다 해도 주님의 말씀을 듣고 그분의 뜻을 이해하고 그 뜻대로 순종하는 것보다 값지지 않다. 하나님 말씀에 대한 깊은 묵상 없이는 하나님의 뜻을 알 수도 없고, 하나님의 뜻을 모르기에 그분이 원하는 순종과 사랑을 할 수도 없다.

어느 누가 말씀의 깨우침 없이 영적으로 혼탁한 이 시대를 이기며 살아갈 수 있을까? 한순간도 깨어 있지 않으면 자칫 범죄의 길로 달려가는 자신을 보게 되고, 뒤돌아서면 미련한 인생을 살고 있는 자신을 발견하게 될 뿐이다. 말씀 없이 영적 전쟁을 어떻게 치를 수 있는가? 말씀 없이 기도를 어떻게 할 수 있는가? 말씀 없이 죄를 깨달아 돌이킬 수 있는가? 말씀 없이 자신의 미련함을 벗길 수 있는가? 말씀의 가르침을 받아 깨달을 때 이 모든 일은 가능해진다.

"주의 얼굴을 주의 종에게 비추시고 주의 율례로 나를 가르치소서"(시 119:135).

17장 묵 삶 실 천 노 트

묵상과 깨달음 묵상하기

오늘 본문으로 일어나서 잠들기 전까지 묵상하고 기도하는 훈련을 합니다.

① 오늘 묵상을 위해 기도하기
② 오늘 묵상 본문 129절에서 136절까지 천천히 자신의 귀에 들리도록 7번 읽기
③ 감동이 오는 한 절이나 한 문장이나 단어 기록하기
④ 감동받은 말씀을 암송한 후 하루 종일 묵상하기
⑤ 하나님의 음성 듣고 기록하기
⑥ 삶에 적용하고 기록하기
⑦ 취침 전에 하루 묵상을 정리하고 기도하기

18장
묵상과 영원함

"137 여호와여 주는 의로우시고 주의 판단은 옳으니이다. 138 주께서 명령하신 증거들은 의롭고 지극히 성실하니이다. 139 내 대적들이 주의 말씀을 잊어버렸으므로 내 열정이 나를 삼켰나이다. 140 주의 말씀이 심히 순수하므로 주의 종이 이를 사랑하나이다. 141 내가 미천하여 멸시를 당하나 주의 법도를 잊지 아니하였나이다. 142 주의 의는 영원한 의요 주의 율법은 진리로소이다. 143 환난과 우환이 내게 미쳤으나 주의 계명은 나의 즐거움이니이다. 144 주의 증거들은 영원히 의로우시니 나로 하여금 깨닫게 하사 살게 하소서"(시 119:137-144).

솔로몬은 전도서에서 이 땅에서 이루어지는 모든 것이 헛되고 헛되다며 인생의 허무함을 강조했다. 해 아래에서 벌어지는 온갖 일을 보니 그 모두가 헛되어 바람을 잡으려는 것과 같고 모든 만물이 다 지쳐 있다고 기록했다.

"전도자가 이르되 헛되고 헛되며 헛되고 헛되니 모든 것이 헛되도다"(전 1:2).

"모든 만물이 피곤하다는 것을 사람이 말로 다 말할 수는 없나니 눈은 보아도 족함이 없고 귀는 들어도 가득 차지 아니하도다"(전 1:8).

각종 진귀하고 값진 것들을 소유하고 온갖 부귀영화를 다 누려 본 이후에 솔로몬에게 밀려온 것은 인생의 허무함뿐이었다. 지금껏 자신이 누린 것들은 피상적인 조각에 불과하여 정작 영원을 사모하는 마음에는 만족을 주지 못했다는 걸 깨달았다. 이 땅에서의 삶을 작별하고 하나님께 돌아갈 시간이 다가오자, 영원한 세계를 갈망하는 인간 본연의 모습이 자신 속에 있다는 것을 깨달았다. 이 땅의 모든 것이 헛되게 보이자 영원한 세계가 눈에 들어온 것이다.

하나님이 사람에게 영원을 사모하는 마음을 주셨다는 것은 비할 수 없는 축복이다. 본향에 대한 그리움을 회복하는 계기가 되기 때문이다.

> "하나님이 모든 것을 지으시되 때를 따라 아름답게 하셨고 또 사람들에게는 영원을 사모하는 마음을 주셨느니라 그러나 하나님이 하시는 일의 시종을 사람으로 측량할 수 없게 하셨도다"(전 3:11).

나의 할머니는 93세에 예수님을 영접하시고, 97세에 천국으로 가셨다. 아흔을 넘기신 나이에도 얼마나 정정하신지 할머니를 뵐 때마다 100살 넘도록 건강하게 사시겠다는 생각을 했다. 그런데 할머니는 영접하시기 직전까지 도통 예수님에 관심이 없으셨다. 일평생 불교 세력이 강한 경주에 사셨고, 할머니 댁과 멀지 않은 곳에는 불상이 만 개나 있는 '만불사'라는 절도 있었다.

목사가 된 이후에 찾아뵙고 복음을 전하려고 하면 "부처님 믿으면 되지, 너희나 믿어라."하시며 거절하셨다. 그러던 중에 할머니께서 허리가 불편하여 자리에 눕게 되었다. 이번에는 꼭 할머니를 영접시켜야겠다는 마음에 기도를 드리고 찾아뵈었다.

"할머니! 사람은 하나님이 만드셨는 데, 이 땅에서 살다가 언젠가는 다시 하나님께로 돌아가야 해요! 부처님도 하나님이 만든 사람일 뿐이에요. 그러니 부처님은 신이 아니고, 우리를 하나님이 계신 천국으로 데려갈 수도 없어요. 우리 가족은 다 예수님 믿고 천국으로 갈 건데, 할머니도 우리랑 같이 천국 가셔야지요?" 함께 간 아내가 할머니에게 복음을 전하기 시작했다.

그때 전에 없던 일이 일어났다. 할머니께서 그 말에 맞장구를 치기 시작하신 것이다. "그래, 사람은 하나님이 만들었지. 하나님을 믿어야지. 나도 천국으로 가야지. 하나님! 내 허리도 고쳐주세요." 할머니는 그 자리에서 부처님을 버리고, 예수님을 구주로 영접하는 기도를 두 손 모아 따라하셨다. 기도를 마치고 우리가 찬양을 부를 때는 두 손을 허공에 휘저으시며 춤을 추셨다. 그때 할머니의 나이는 93세였다.

하나님은 인간에게 영원을 사모하는 마음을 주셨다. 하지만 인간은 하나님이 하시는 일을 처음부터 끝까지 깨달아 알 수도 없다. 오직 그분을 두려워하는 마음으로 섬길 뿐이다.

> "하나님께서 행하시는 모든 것은 영원히 있을 것이라 그 위에 더 할 수도 없고 그것에서 덜 할 수도 없나니 하나님이 이같이 행하심은 사람들이 그의 앞에서 경외하게 하려 하심인 줄을 내가 알았도다"(전 3:14).

하나님이 하시는 모든 일은 언제나 한결같다. 거기에다가 보탤 수도 없고 뺄 수도 없다. 인간의 본분은 하나님을 경외하며 겸손하게 살아가는 것이다.

전도서는 아직 젊은이들을 향하여 마음과 눈이 원하는 대로 마음껏 젊은 날을 즐기라고 말한다. 그러나 이 모든 일에 하나님의 심판이 있다는 것을 알고, 젊을 때에 창조주 하나님을 기억하라고 또한 당부한다. 육체가 흙으로 돌아가고, 영이 그것을 주신 영원하신 하나님께로 돌아가기 전에 그리스도인은 정신을 차려야 한다. 보이는 세계에만 마음을 빼앗기지 말고, 보이지 않는 세계를 보는 것처럼 하나님을 두려워하며 그분이 주신 계명을 지켜야 한다.

"주의 의는 영원한 의요 주의 율법은 진리로소이다"(시 119:142).

18장 묵삶 실천 노트

묵상과 영원함 묵상하기

오늘 본문으로 일어나서 잠들기 전까지 묵상하고 기도하는 훈련을 합니다.

① 오늘 묵상을 위해 기도하기
② 오늘 묵상 본문 137절에서 144절까지 천천히 자신의 귀에 들리도록 7번 읽기
③ 감동이 오는 한 절이나 한 문장이나 단어 기록하기
④ 감동받은 말씀을 암송한 후 하루 종일 묵상하기
⑤ 하나님의 음성 듣고 기록하기
⑥ 삶에 적용하고 기록하기
⑦ 취침 전에 하루 묵상을 정리하고 기도하기

19장
묵상과 새벽

"145 여호와여 내가 전심으로 부르짖었사오니 내게 응답하소서 내가 주의 교훈들을 지키리이다. 146 내가 주께 부르짖었사오니 나를 구원하소서 내가 주의 증거들을 지키리이다. 147 내가 날이 밝기 전에 부르짖으며 주의 말씀을 바랐사오며. 148 주의 말씀을 조용히 읊조리려고 내가 새벽녘에 눈을 떴나이다. 149 주의 인자하심을 따라 내 소리를 들으소서 여호와여 주의 규례들을 따라 나를 살리소서. 150 악을 따르는 자들이 가까이 왔사오니 그들은 주의 법에서 머니이다. 151 여호와여 주께서 가까이 계시오니 주의 모든 계명들은 진리니이다. 152 내가 전부터 주의 증거들을 알고 있었으므로 주께서 영원히 세우신 것인 줄을 알았나이다"(시 119:145-152).

매일 말씀을 묵상해야 하는 이유를 몇 가지 나누고 싶다.

첫째는 건강한 영혼을 지키기 위해서이다. 사람은 영혼과 육체로 이루어져 있다. 육체의 건강을 위해서는 좋은 음식을 섭취하는 것과 함께 규칙적인 운동을 한다. 영혼의 건강을 위해서도 반드시 좋은 양식이 필요하다. 영혼의 양식은 말씀이다. 밥알을 꼭꼭 오래 씹어야 몸에 유익하듯 말씀도 곱씹어야 영혼이 건강해진다. 영혼이 건강하면 삶은 방향을 잃지 않고 순조롭게 나아간다. 영혼이 잘되고 강건한 사람은 범사가 잘 되고 강건하기 때문이다. 영혼이 엉망인 사람의 범사가 잘 풀리는 것처럼 보인다고 부러워하지 말아야 한다. 그의 범사는 그의 영혼만큼 꼬여 있을 것이다. 범사가 얽힌 것 같지만 건강한 영혼을 지녔다면 낙심하지 말아야 한다. 그의 범사는 건강한 영혼만큼 회복될 것이다. 말씀이 이를 증거하고 있다.

> "사랑하는 자여 네 영혼이 잘됨 같이 네가 범사에 잘되고 강건하기를 내가 간구하노라"(요삼 1:2).

건강하지 못한 영혼은 육신에 속한 생각으로 가득 차게 되어 있다. 육신의 생각은 영혼을 병들게 하고 사망으로 이끈다. 최종 목표는 영적인 생명을 상실하고 하나님과 원수가 되게 하는

데 있다. 피조물인 인간이 창조주 하나님과 원수가 되는 일만큼 끔찍한 일은 없다.

> "육신의 생각은 사망이요 영의 생각은 생명과 평안이니라. 육신의 생각은 하나님과 원수가 되나니 이는 하나님의 법에 굴복하지 아니할 뿐 아니라 할 수도 없음이라"(롬 8:6-7).

하지만 하나님과 화평하면 그분의 생각은 말씀을 통하여 생명과 평안으로 우리에게 전달된다. 새벽에 일어나 말씀을 묵상하는 이유도 여기에 있다. 사람과 사건으로 소란한 세상이 눈을 뜨기 전에, 먼저 일어나 주님을 만나야 한다. 그분에게서 흘러나오는 생명을 받아 영혼을 무장시켜야 하고, 그분 안에 있는 평안을 누림으로 세상 소리에 요동하지 않도록 준비해야 한다.

둘째는 분별력을 가지고 말씀을 실천하기 위함이다. 혼란한 시대를 살아가기 위해서 무엇보다 필요한 것이 분별력이다. 선악을 분별할 줄 알고, 하나님이 기뻐하시는 것인지 미워하는 것인지를 분별할 줄 알아야 한다. 그러나 이것을 자신의 생각과 지식으로 분별하려고 하면 실패할 수밖에 없다. 제대로 분별하기 위해서는 성령이 깨닫게 하시는 영적인 분별력이 필요하다. 영적인 분별력은 어떻게 해야 얻을 수 있을까? 이른 새벽에 눈을 떠서 예배자로 주님 앞에 서면, 맑고 단순하며 과장되지 않은 자신의 모습과 직면하게 된다. 해가 솟아오르면 일상은 분주하게 돌아가지만, 새벽은 말씀에 집중하고 주님께 마음의 여백을 내어 드리도록 우리를 이끈다. 새벽시간에 충분히 마음 판에 녹아내린 말씀은 그 날의 삶을 하나님의 뜻대로 살도록 돕는다.

내가 주의 종이 되기로 결심하고 신학대학원에 입학한지 얼마 되지 않은 때였다. 새벽 기도 중에 받은 한 절의 말씀이 내가 행하고 있던 말씀 묵상에 대해 확신을 주었다. 전도서 12장 11절의 말씀이다.

"지혜자들의 말씀들은 찌르는 채찍과 같고 회중의 스승들의 말씀들은 잘 박힌 못 같으니 다 한 목자가 주신 바이니라"(전 12:11).

새벽에 장의자에 앉아 묵상을 하다가 장의자에 박힌 못을 보았다. 아주 정교하고 튼튼하게 못이 잘 박혀 있었다. 그 모습을 보니 문득 머릿속에 이런 생각이 떠올랐다. '이러니 장의자는 아무리 오래 사용하여도 견고하구나. 장의자가 흔들림 없이 튼튼한 것은 잘 박힌 못 때문이었구나. 그렇다면 말씀도 마찬가지이겠구나. 한 절의 말씀이라도 가슴 깊이 정교하고 튼튼하게 잘 박히게 한다면 나의 신앙도 이 장의자처럼 견고하고 흔들리지 않는 터 위에 세워지겠구나.' 한 절의 말씀이라도 마음 판에 잘 새기는 것이 얼마나 소중한가! 작은 불씨 같은 한 절이지만, 평생 교훈이 되어 삶을 움직이는 동력이 된다. 살아 역사하는 활력이 된다.

마지막으로는 변함없이 하나님을 사랑하기 위함이다. 연인 사이에도 계속적인 사랑의 밀어가 있어야만 서로를 향한 애틋함이 깊어진다. 한 쪽의 일방적인 구애만으로는 온전한 사랑을 이루어 가기 어렵다. 하나님은 그의 사랑하는 자들에게 끊임없이 말씀을 통하여 고백하고 계신다. 말씀은 하나님 아버지의 우리를 향한 사랑의 밀어이며 호소이다.

"내 사랑아 너는 어여쁘고 어여쁘다 네 눈이 비둘기 같구나"(아 1:15).

"내 사랑아 너는 디르사 같이 어여쁘고, 예루살렘 같이 곱고, 깃발을 세운 군대 같이 당당하구나"(아 6:4).

"사랑아 네가 어찌 그리 아름다운지, 어찌 그리 화창한지 즐겁게 하는구나"(아 7:6).

하나님을 사랑하고 더욱 사랑하기를 갈망한다면 이토록 절절한 고백 앞에 우리는 반응해야 한다. 만일 날이 밝기도 전에 주님의 음성을 듣고 싶어서 눈을 뜨자마자 성전으로 달음질하는 사람이라면, 그는 주님의 보좌를 움직이기에 충분하다. 말씀을 묵상하려고 밤을 지새우며 새벽을 깨우는 사람을 주님은 결코 외면하시지 않는다.

> "내가 날이 밝기 전에 부르짖으며 주의 말씀을 바랐사오며 주의 말씀을 조용히 읊조리려고 내가 새벽녘에 눈을 떴나이다"(시 119:147-148).

19장 묵 삶 실 천 노 트

묵상과 새벽 묵상하기

오늘 본문으로 일어나서 잠들기 전까지 묵상하고 기도하는 훈련을 합니다.

① 오늘 묵상을 위해 기도하기
② 오늘 묵상 본문 145절에서 152절까지 천천히 자신의 귀에 들리도록 7번 읽기
③ 감동이 오는 한 절이나 한 문장이나 단어 기록하기
④ 감동받은 말씀을 암송한 후 하루 종일 묵상하기
⑤ 하나님의 음성 듣고 기록하기
⑥ 삶에 적용하고 기록하기
⑦ 취침 전에 하루 묵상을 정리하고 기도하기

20장
묵상과 기도

"¹⁵³ 나의 고난을 보시고 나를 건지소서 내가 주의 율법을 잊지 아니함이니이다. ¹⁵⁴ 주께서 나를 변호하시고 나를 구하사 주의 말씀대로 나를 살리소서. ¹⁵⁵ 구원이 악인들에게서 멀어짐은 그들이 주의 율례들을 구하지 아니함이니이다. ¹⁵⁶ 여호와여 주의 긍휼이 많으오니 주의 규례들에 따라 나를 살리소서. ¹⁵⁷ 나를 핍박하는 자들과 나의 대적들이 많으나 나는 주의 증거들에서 떠나지 아니하였나이다. ¹⁵⁸ 주의 말씀을 지키지 아니하는 거짓된 자들을 내가 보고 슬퍼하였나이다. ¹⁵⁹ 내가 주의 법도들을 사랑함을 보옵소서 여호와여 주의 인자하심을 따라 나를 살리소서. ¹⁶⁰ 주의 말씀의 강령은 진리이오니 주의 의로운 모든 규례들은 영원하리이다"(시 119:153-160).

수많은 사람들이 오늘도 잠 못 이루는 밤을 보내고 있다. 불규칙한 생활습관, 걱정, 불안, 카페인 과다복용, 미래에 대한 염려, 불안한 가정, 게임, 컴퓨터와 휴대폰 등, 각각의 개인이 처한 상황에 따라 원인도 다양하다. 복잡하고 다양한 원인들로 인해 현대인들의 영혼과 육체는 점점 더 삭막하고 퇴락되어 가고 있다. 이 현상은 그리스도인들이라고 별반 다르지 않다.

보다 근본적인 문제는 무엇일까? 그것은 영혼의 고갈 때문이다. 영혼이 피폐하다보니 사람들은 세상적인 즐거움과 만족을 찾아 그것으로 영혼의 결핍을 채우려 한다. 그러나 영혼의 결핍을 만족시키고 회복시키는 길은 영혼을 만드신 하나님을 만나는 방법 밖에 없다. 하나님을 만나면 영혼은 소생한다. 구체적으로 말하면, 하나님의 말씀을 내면에 채우면 영혼이 제 모습을 찾기 위해 요동한다. 뒤틀린 영혼에 질서가 생긴다.

묵상한 말씀을 기도로 승화시키면 질서가 생긴 영혼이 역동하기 시작한다. 영혼이 역동하면 육체에 생기가 발생하고, 삶에도 질서가 잡힌다. 하나님은 무질서의 하나님이 아니시기 때문이다(고전 14:33). 그리고 성령의 인도하심을 받게 되며, 점점 성령의 충만한 삶을 누리게 된다. 날마다 성령의 충만한 삶을 살아가는 비결은 말씀을 묵상하고, 묵상한 말씀을 붙들고 기도하는 것이다. 충분한 기도는 성령의 열매로 이어진다.

"오직 성령의 열매는 사랑과 희락과 화평과 오래 참음과 자비와 양선과 충성과, 온유와 절제니 이 같은 것을 금지할 법이 없느니라"(갈 5:22-23).

문제는 성령의 열매를 맺을 때까지 묵상하고 기도해야 한다는 것이다. 묵상과 기도가 몸이 기억하는 좋은 습관으로 자리를 잡을 때까지 말이다. 참된 그리스도인의 삶을 지향한다면 삶의 최우선 순위에 두고 실행해 옮겨야 한다. 묵상과 기도는 그리스도인의 생명 줄이다.

본문에서 시인은 3번이나 "나를 살리소서"(חיני, 하예니)라고 기도한다. '살리소서'에 해당하는 히브리어 단어는 '하야'(חיה)이다. 이 단어는 "질병, 죄악, 낙심, 고통, 죽음으로부터 되살아나다"는 의미이다.

"주의 말씀대로 나를 살리소서"(시 119:154).
"주의 규례들에 따라 나를 살리소서"(시 119:156).

"주의 인자하심을 따라 나를 살리소서"(시 119:159).

자신을 핍박하는 자들과 대적들에게서 받는 고통이 심히 중함을 느낄 수 있다. 하지만 그 순간에도 주의 의로운 말씀들을 잊지 않고 그 말씀에 근거하여 간청하고 있다. 말씀에 의지하여 부르짖는 기도는 중언부언하지 않는다. 간결하고 명료하다. 정확하게 과녁을 명중시키는 화살처럼 핵심을 빗나가지 않는다. 그만큼 절박하기 때문이다.

우리 자신이 어디로 가야 하며, 어떻게 해야 하며, 어떤 결정을 내려야 할지 막연하고 막막한 순간에도 심령 가운데 말씀은 여전히 살아 있다. 그 말씀을 붙들고 기도할 때 하늘 문이 열린다. 삶의 모든 영역에서 하나님의 도우심과 인도하심을 받고 싶다면 말씀과 기도의 사람으로 거듭나야 한다. 삶의 전 영역에 하나님의 임재를 불러일으키고 싶다면 더욱 기도의 사람이 되어야 한다. 기도의 사람은 시간과 공간을 초월하여 그분의 역사를 경험한다.

성경에는 아름답고 위대한 기도들이 많이 기록되어 있다. 그 중에서도 나는 요한복음 17장 전체에 기록된 예수님의 기도를 가슴 깊이 사랑한다. 예수님이 잡히시기 직전에 드린 기도로, 이 땅에 남겨질 성도들을 안쓰러워하며 하나님 아버지께 도움을 구하는 내용이다. 기도문을 읽다보면 예수님의 사랑과 긍휼이 뚝뚝 떨어지는 것을 느낀다. 때로는 온 몸이 흐느끼는 기분이다. 세상에 살지만 결코 세상에 속할 수 없기에, 세상으로부터 미움 받을 성도들과 제자들이 악에 빠지지 않도록 보호해 주시기를 간청하는 기도이다.

"내가 아버지의 말씀을 그들에게 주었사오매 세상이 그들을 미워하였사오니 이는 내가 세상에 속하지 아니함 같이 그들도 세상에 속하지 아니함으로 인함이니이다. 내가 비옵는 것은 그들을 세상에서 데려가시기를 위함이 아니요 다만 악에 빠지지 않게 보전하시기를 위함이니이다. 내가 세상에 속하지 아니함 같이 그들도 세상에 속하지 아니하였사옵나이다. 그들을 진리로 거룩하게 하옵소서 아버지의 말씀은 진리니이다"(요 17:14-17).

기도의 표본은 예수님이시다. 예수님의 기도는 완전하고, 흠이 없이 아름답기만 하다. 예수님은 하나님 아버지께 이 땅의 성도인 우리를 부탁하시며 '진리로 거룩하게 해 달라'고 간청하셨다. 진리는 아버지의 말씀이다. 아버지의 말씀으로 우리는 거룩을 이루어간다.

하나님의 말씀은 다이아몬드와 같다. 말씀을 묵상하면 할수록 다각도에서 내뿜는 아름다움을 발견할 수 있다. 같은 말씀이라도 그 깨달음은 새벽 묵상 때 다르고, 오전의 묵상이 다르며, 오후와 밤에 각기 다르게 다가온다. 흐릿했던 빛이 점점 더 또렷하고 분명하게 색을 드러낸다. 성령께서 하나님의 영광을 아는 지식의 빛을 다각도로 비추어 주셔서, 묵상하는 사람으로 하여금 새로운 통찰력과 깨달음을 주시기 때문이다. 예수님의 기도처럼 말씀은 진리이며 그리스도인은 진리로 거룩하여진다.

우리의 삶 속에서도 예수님의 기도가 이루어지도록 온 마음을 다해 기도해야 한다.

20장   묵 삶 실 천 노 트

묵상과 기도 묵상하기

오늘 본문으로 일어나서 잠들기 전까지 묵상하고 기도하는 훈련을 합니다.

① 오늘 묵상을 위해 기도하기
② 오늘 묵상 본문 153절에서 160절까지 천천히 자신의 귀에 들리도록 7번 읽기
③ 감동이 오는 한 절이나 한 문장이나 단어 기록하기
④ 감동받은 말씀을 암송한 후 하루 종일 묵상하기
⑤ 하나님의 음성 듣고 기록하기
⑥ 삶에 적용하고 기록하기
⑦ 취침 전에 하루 묵상을 정리하고 기도하기

5부

묵상의 향연

21장 묵상과 큰 평안

22장 묵상과 찬양

21장
묵상과 큰 평안

"¹⁶¹ 고관들이 거짓으로 나를 핍박하오나 나의 마음은 주의 말씀만 경외하나이다. ¹⁶² 사람이 많은 탈취물을 얻은 것처럼 나는 주의 말씀을 즐거워하나이다. ¹⁶³ 나는 거짓을 미워하며 싫어하고 주의 율법을 사랑하나이다. ¹⁶⁴ 주의 의로운 규례들로 말미암아 내가 하루 일곱 번씩 주를 찬양하나이다. ¹⁶⁵ 주의 법을 사랑하는 자에게는 큰 평안이 있으니 그들에게 장애물이 없으리이다. ¹⁶⁶ 여호와여 내가 주의 구원을 바라며 주의 계명들을 행하였나이다. ¹⁶⁷ 내 영혼이 주의 증거들을 지켰사오며 내가 이를 지극히 사랑하나이다. ¹⁶⁸ 내가 주의 법도들과 증거들을 지켰사오니 나의 모든 행위가 주 앞에 있음이니이다"(시 119:161-168).

오늘날 우리 사회는 생산문화에서 소비문화로 전환되면서 다양한 문제들이 야기되고 있다. 소비문화적인 사회는 소비 중독을 불러일으키고 있다. 손쉽게 사용할 수 있는 신용카드로 인한 무분별한 소비패턴과 과도한 지출은 많은 개인 파산자들을 양산해 내었다. 개인의 문제로만 끝나지 않고 가족과 사회 공동

체까지 위협하는 소비중독은 파괴력이 굉장하다. 한순간에 진정한 삶의 가치를 빼앗아 버리고 마음의 평안을 무너뜨린다.

그리스도인이 소비중독의 빠지면, 그 마음도 그리스도에게서 떠나 버릴 뿐만 아니라 영적인 생활이 무력해지는 것을 종종 목격한다. 중독의 지배를 받으니 하나님의 통치를 거부하고 그분의 뜻을 깨닫지도 못한다. 과도한 소비를 즐기게 하고 돈에 마음을 빼앗겨 버리기 때문이다. 결국 하나님의 은혜를 누리지 못하는 형식적인 신앙인으로 전락함으로써 항상 불안과 초조와 두려움을 가진 채 평안이 없는 삶을 살게 된다.

과도한 소비중독에 빠지면 자신의 의지와 매서운 결단만으로는 헤어 나오기 어렵다. 오랜시간 규칙적인 습관에 의해 형성된 중독현상은 매몰차게 끊어 보려고 결단하는 순간, 비웃듯 다시 그것을 반복하게 만든다. 몸이 기억하고 있기 때문이다. 더구나 소비중독은 좋은 물건을 얻는 쾌감과 함께 과시욕을 만족시켜 주며, 때로는 스트레스를 날려 버리는 강력한 펀치를 가지고 있다. 결코 만만한 상대가 아니다.

먼저 하나님께 자신의 문제가 어디서부터 시작되었는지 묻고, 그 근원을 발견하였다면 매여 있는 부분을 풀어 주시도록 도우심을 요청해야 한다. 지나간 의외의 사건이나 기억 때문에 소비중독에 묶여 있는 자신을 발견하고 해결의 실마리를 찾을 수가 있다.

인간에게는 하나님만이 채울 수 있는 공간이 존재한다. 그 어떤 좋은 것도 그분의 자리를 대신할 수는 없다. 다른 것으로 채우면 채울수록 더욱 공허해질 뿐이다. 허망해질 뿐이다. 거짓과 허영심의 중독으로 채웠던 공간을 말씀으로 다시 채워갈 때 비로소 소비중독에서 벗어날 수 있다.

말씀이 주는 풍성하고 온전한 만족은 물질의 그것과 다르기 때문에 더 이상 갈증을 유발하지 않는다. 진짜를 얻은 사람은 가짜의 화려한 유혹에 연연하지 않는 법이다. 경계해야 할 것은 소비중독을 극복했다고 하더라도 여백이 드러난 마음의 공간을 말씀으로 매우지 않는다면, 또 다른 매력적인 중독의 유혹 앞에서 자유로울 수가 없다는 점이다. 세상에는 우리의 눈과 귀를 자극하는 요소들이 도처에 널려 있기 때문이다.

삶은 매 순간이 선택이다. 잘 알려진 실존주의 철학자 장 폴 사르트르(Jean Paul Sartre, 1905-1980)는 "인생은 B(Birth; 출생)과 D(Death; 죽음) 사이의 C(Choice; 선택)이다."고 말했다. 인생은 태어나면서부터 죽는 순간까지 선택의 연속선상에 있다는 것을 강조한 말이다. 어떤 선택을 하느냐가 그만큼 중요하다는 의미이기도 하다. 그러다보니 후회 없는 선택을 하기 위해 갈등을 유발하기도 하고, 최선의 선택을 해야 한다는 압박감에 시달리기도 한다. 하지만 걱정하지 마라. 하나님은 성령을 통해서 우리에게 가장 최선의 선택을 할 수 있도록 평안으로 인도하신다. 본문 165절이 이를 말해주고 있다.

"주의 법을 사랑하는 자에게는 큰 평안이 있으니 그들에게 장애물이 없으리이다"(시 119:165).

선행조건이 있다면 먼저 주의 법을 사랑하는 것이 우선되어야 한다. 주의 말씀을 사랑하고 그 뜻대로 살고자 하는 사람은 큰 평안 속에서 마음과 생각이 보호를 받기 때문에 장애물과 걸림돌에 넘어지지 않는다.

예수님을 구주로 영접한 사람 안에 내주하는 성령께서는 평안으로 그를 이끄시고 보호하신다. 이 평안은 누구도 빼앗아 갈 수 없는 참 평안이다. 단지 세상의 염려와 걱정으로 주님 안에서 이 평안을 누리지 못하는 그리스도인이 많을 뿐이다.

예수님은 세상이 주는 근심과 두려움을 버리라고 하신다. 그리고 세상이 주는 것과 다른 주님의 평안을 받으라고 권면하신다. 조각나지 않은 온전한 평안을 가지신 분이 부드럽고 인자하게 주시는 것을 우리는 믿고 받기만 하면 된다.

"보혜사 곧 아버지께서 내 이름으로 보내실 성령 그가 너희에게 모든 것을 가르치고 내가 너희에게 말한 모든 것을 생각나게 하리라. 평안을 너희에게 끼치노니 곧 나의 평안을 너희에게 주노라 내가 너희에게 주는 것은 세상이 주는 것과 같지 아니하니라 너희는 마음에 근심하지도 말고 두려워하지도 말라"(요 14:26-27).

평안한 환경 가운데에서 마음의 평안을 유지하기는 쉽다. 이것은 누구든지 할 수 있다. 그러나 평안이 멀어진 상태, 그것도 평안과는 도무지 어울리지 않는 불안과 위협과 위기감을 느끼는 속에서 평안을 유지하는 것은, 하나님이 그 마음과 생각을 지키시지 않으면 불가능한 일이다.

유대 처녀 마리아는 그것을 온 몸으로 말해 주고 있다. 그녀는 여성에게 불리한 사회 속에서 생명의 위협과 비난을 감수해야 하는 상황에 처하게 되었다. 그것도 하나님이 부여한 사명 때문에 말이다. 처녀의 몸인 자신이 하나님의 은혜를 입고 성령으로 아이를 잉태했다고 천사가 전했을 때, 마리아는 '몹시 놀랐다'. 또 '남자를 알지 못한다.'고 항변했다. 그녀는 갑자기 자신에게 닥친 큰 일 앞에서 혼란스러웠을 것이다. 불현듯 정혼한 요셉이 생각나고, 동네 사람들에게 조롱과 야유를 들어가며 돌에 맞아 죽어가는 자신의 모습도 떠오르고, 도망치듯 삶의 터전을 떠나야 하는 자신의 처지도 상상해 보았을 것이다. 지극히 일순간 많은 생각들이 스쳐 지나갔으리라. 그러나 순간, 모든 마음의 생각을 잠재우고 자신을 감싸는 하나님의 평안이 임하는 것을 느꼈다. 주님의 평안이 임했을 때, 마리아는 격랑의 파도를 잠재우듯 모든 생각을 주님 앞에 복종시키고 이렇게 고백하였다.

"주의 여종이오니 말씀대로 내게 이루어지이다"(눅 1:38).

마리아의 내면에 임한 큰 평안은 산처럼 거대한 근심과 두려움을 덮어버렸다. 주님의 평안은 마리아를 순종의 자리로 이끌어 말씀이 이루어지도록 하였다. 주님이 주시는 평안이 임하면, 말씀대로 순종하겠다는 결연의 의지를 누구도 꺾을 수가 없다.

21장 묵 삶 실 천 노 트

묵상과 큰 평안 묵상하기

오늘 본문으로 일어나서 잠들기 전까지 묵상하고 기도하는 훈련을 합니다.

① 오늘 묵상을 위해 기도하기
② 오늘 묵상 본문 161절에서 168절까지 천천히 자신의 귀에 들리도록 7번 읽기
③ 감동이 오는 한 절이나 한 문장이나 단어 기록하기
④ 감동받은 말씀을 암송한 후 하루 종일 묵상하기
⑤ 하나님의 음성 듣고 기록하기
⑥ 삶에 적용하고 기록하기
⑦ 취침 전에 하루 묵상을 정리하고 기도하기

22장
묵상과 찬양

"169 여호와여 나의 부르짖음이 주의 앞에 이르게 하시고 주의 말씀대로 나를 깨닫게 하소서. 170 나의 간구가 주의 앞에 이르게 하시고 주의 말씀대로 나를 건지소서. 171 주께서 율례를 내게 가르치시므로 내 입술이 주를 찬양하리이다. 172 주의 모든 계명들이 의로우므로 내 혀가 주의 말씀을 노래하리이다. 173 내가 주의 법도들을 택하였사오니 주의 손이 항상 나의 도움이 되게 하소서. 174 여호와여 내가 주의 구원을 사모하였사오며 주의 율법을 즐거워하나이다. 175 내 영혼을 살게 하소서 그리하시면 주를 찬송하리이다 주의 규례들이 나를 돕게 하소서. 176 잃은 양 같이 내가 방황하오니 주의 종을 찾으소서 내가 주의 계명들을 잊지 아니함이니이다"(시 119:169-176).

말씀의 다스림을 받지 않는 인생은 범사에 방자히 행한다. 거룩하신 하나님에 대한 두려움이 없기 때문이다.

이스라엘 백성이 종살이 하던 애굽 땅에서 나온 지 3개월이 지났을 때 그들은 시내 광야에 이르렀다. 하나님은 율법과 계명을 기록한 돌판을 주시겠다며 모세를 시내 산으로 부르셨다. 모세는 산 위로 올라가서 밤낮 사십 일을 머무르며 하나님의 말씀을 듣고 있었다. 그때 문제가 발생했다.

모세가 없는 동안 백성들은 아론에게 몰려가서 이것이 자신들을 애굽 땅에서 인도해낸 신이라며 송아지 형상을 만들고, 번제를 올리고, 화목제를 드렸다. 그리고 그 앞에서 먹고 마시다가 흥청거리며 뛰놀았다. 모세가 말씀을 받아 내려왔을 때 그들은 금송아지 주위를 돌며 노래하고 춤추고 있었다.

"모세가 본즉 백성이 방자하니 이는 아론이 그들을 방자하게 하여 원수에게 조롱거리가 되게 하였음이라"(출 32:25).

방자하다는 것은 제 멋대로 날뛰는 것을 말한다. 자기 마음대로 하겠다는 심사인데 누구의 통제를 받아 드리겠는가?

말씀을 멀리하는 그리스도인에게는 다음과 같은 모습들이 나타난다. 먼저는 하나님을 두려워하기보다 사람에 대한 두려움이 더 크다. 하나님보다 사람에게 더 신경을 쓴다. 보이지 않는 하나님보다는 눈에 보이는 사람이 더 크게 보이기 때문이다.

둘째는 하나님의 뜻을 구하지 않고 자신의 주관적인 생각과 경험을 통해 얻은 지식을 믿고 따른다. 자신의 생각대로 판단하고 결정한다. 판단과 결정에 중대한 영향을 미치는 눈에 보이지 않는 변수들을 볼 수 없는 인간의 한계, 즉 자신의 연약함은 인정하지 않는다. 인간적인 생각이 켜켜이 쌓이면 미련도 함께 쌓여서 후회할 일이 늘어가는 데, 후회는 하면서도 돌이키지는 않는다.

셋째는 끊임없이 불평을 늘어놓으며 하나님을 거역한다. 인간은 타고난 죄성으로 인해 악으로 달려가는 것이 자연스럽다. 말씀을 저버린 이스라엘 백성들도 위의 요소들을 다 행하며 하나님을 배반하고 거역하는 삶을 살았다. 말씀과 멀어진 삶은 범사에 불평과 불만을 쏟아내고, 말씀에 대한 거역으로 이어지다가, 결국에는 하나님 아버지의 마음을 아프게 한다. 반복되는 악습의 고리는 끊기가 어려워지는데 기본을 무시한 작은 시작이 큰 화를 불러 일으키는 셈이다.

반면, 말씀을 가까이 하면 하나님의 성품을 점점 닮아간다. 말씀 묵상은 사람이 가진 죄성을 이기게 하고 하나님의 뜻을 깨닫게 하며 그분의 뜻을 이루도록 우리의 속사람을 변화시킨다. 하루아침에 묵상이 체질화 될 수는 없다. 환난과 인내와 연단의 과정을 다 거쳐야 소망을 이루듯이, 말씀 묵상의 과정에서도 주님의 담금질은 계속된다. 그리스도의 제자로 살겠다고 헌신하였다면 말씀으로 훈련 받는 것을 기뻐해야 한다.

"하나님의 말씀은 살아 있고 활력이 있어 좌우에 날선 어떤 검보다도 예리하여 혼과 영과 및 관절과 골수를 찔러 쪼개기까지 하며 또 마음의 생각과 뜻을 판단하나니"(히 4:12).

우리 마음에 품은 생각과 의도가 말씀 앞에서 밝혀지는 것을 기뻐해야 한다. 약한 것은 약한 대로 드러나야 말씀의 징계를 통하여 돌이키는 자가 될 것이고, 선한 것은 선한 대로 칭찬을 받아야 더 높은 믿음의 경지를 사모하게 되기에 그렇다.

묵상의 과정을 통해 끝없는 주님의 은혜를 깨닫게 되면, 마침내 묵상은 그분의 이름을 높이는 찬양으로 귀결되어진다. 깊은 묵상의 바다를 건너온 사람은 송이꿀보다 단 말씀, 사람 속을 꿰뚫어 혼과 영을 갈라내는 말씀으로 인하여 하나님을 찬양하지 않을 수가 없다.

하나님은 나를 통하여 언제나 찬양을 받으시길 원하신다. 그것이 나를 지으신 이유이기 때문이다. 나를 창조하신 주님의 목적을 알게 되면 나의 삶을 드려서 주님의 이름이 높임 받기를 소원하는 마음이 생긴다. 나는 주님을 찬송하기 위하여 지음 받은 존재이기 때문이다.

"이 백성은 내가 나를 위하여 지었나니 나를 찬송하게 하려 함이니라"(사 43:21).

사도 바울은 다메섹 도상에서 예수님을 만난 이후 찬송의 사람이 되었다. 자신의 연약함으로 인해서도 주님을 찬송하고, 그

연약함 속에서 나타나는 주님의 능력으로 인해서도 찬송했다. 그리고 그러한 자신의 진심을 주님께서 아신다고 자랑하였다.

> "내가 부득불 자랑할진대 내가 약한 것을 자랑하리라. 주 예수의 아버지 영원히 찬송할 하나님이 내가 거짓말 아니하는 것을 아시느니라"(고후 11:30-31).

전도 여행을 다니면서 당한 수많은 고통은 감히 상상을 초월하는 것이었으나 그리스도와 온전히 하나가 된 그에게 고통은 더 이상 고통이 되지 못했다. 오히려 그리스도의 영광이 되었다. 바울은 자신의 영혼과 육체를 다 드려 그리스도의 영광이 드러나는 삶을 살았다. 이것이 바로 하나님이 우리에게 원하시는 찬양하는 삶의 모습이 아닐까.

바울의 진정한 자랑은 그리스도 안에서의 자신의 연약함이었다. 자신이 약할 때 그리스도의 능력이 완전하게 되는 것을 자랑하고, 그리스도의 능력이 자신 안에 머무르게 하기 위하여 더욱더 기쁜 마음으로 자신의 약함을 자랑한다고 노래하였다.

> "나에게 이르시기를 내 은혜가 네게 족하도다 이는 내 능력이 약한데서 온전하여짐이라 하신지라 그러므로 도리어 크게 기뻐함으로 나의 여러 약한 것들에 대하여 자랑하리니 이는 그리스도의 능력이 내게 머물게 하려 함이라. 그러므로 내가 그리스도를 위하여 약한 것들과 능력과 궁핍과 박해와 곤고를 기뻐하노니 이는 내가 약한 그 때에 강함이라"(고후 12:9-10).

진리를 발견하고 기뻐하는 사람의 속에서 터져 나오는 찬양을 막을 수는 없다. 세상 사람들은 이해할 수 없는 부족과 결핍과 약함을 자랑하는 자랑이야 말로 그것을 허락하신 주님을 진실로 찬양하는 것이다.

나는 고린도전서 15장 31절 말씀을 묵상할 때마다 찬양의 절정을 경험한다. 자신이 죽어야 주님의 능력이 나타나고 주님이 찬양을 받으시기에, 기꺼이 '나는 날마다 죽노라'고 선포하는 사도 바울의 모습은 경이롭기까지 하다.

> "형제들아 내가 그리스도 예수 우리 주 안에서 가진 바 너희에 대한 나의 자랑을 두고 단언하노니 나는 날마다 죽노라"(고전 15:31).

날마다 죽는다는 것은 날마다 말씀 앞에 자신을 내려놓는다는 의미를 담고 있다. 자신을 위한 삶이 아니라 그리스도를 위한 삶에 참예하는 자가 되겠다는 헌신의 의미이다. 말씀 묵상을 통해 변화된 사람은 자신의 전 생애를 통하여 주님을 찬양하고 그리스도의 영광을 드러내는 삶을 산다. 그리고 말씀이 이루어지는 복을 누린다.

22장 　　　　　묵 삶 실 천 노 트

묵상과 찬양 묵상하기

오늘 본문으로 일어나서 잠들기 전까지 묵상하고 기도하는 훈련을 합니다.

① 오늘 묵상을 위해 기도하기
② 오늘 묵상 본문 169절에서 176절까지 천천히 자신의 귀에 들리도록 7번 읽기
③ 감동이 오는 한 절이나 한 문장이나 단어 기록하기
④ 감동받은 말씀을 암송한 후 하루 종일 묵상하기
⑤ 하나님의 음성 듣고 기록하기
⑥ 삶에 적용하고 기록하기
⑦ 취침 전에 하루 묵상을 정리하고 기도하기

에필로그

미룬 숙제를 끝낸 느낌

그리스도인에게 묵삶(묵상하는 삶)은 일상이 되어야 합니다. 말씀으로 하루를 열고 마무리하는 삶은 복됩니다. 저는 최근에 동기 목사님이 시무하는 교회에서 직분자 교육을 하는 시간을 가졌습니다. 그곳에서 직분자가 가져야 할 마음 자세에 대하여 이렇게 언급하였습니다.

직분자는 평생 사명자입니다.

직분자는 평생 섬기는 자입니다.

직분자는 평생 말씀을 묵상하는 삶을 살아야 합니다.

사명자와 섬기는 자는 직분자가 가져야 할 제자로서의 자기 정체성입니다. 평생 말씀을 묵상하는 것은 직분자라면 꼭 행해야 할 기본적인 덕목입니다. 날마다 말씀을 가까이 하는 사람은 말씀을 사랑하는 사람입니다. 말씀을 사랑하는 사람은 말씀이신 주님을 사랑하는 사람입니다. 주님을 사랑하는 사람은 말씀이 삶 속에 녹아내리도록 실천합니다. 이런 사람이 직분자입니다.

저는 오랜 세월동안 묵상하는 삶을 살아오면서 많은 은혜를 동역자들과 함께 누렸습니다. 그러면서도 마음 한편에는 남은 숙제가 있다는 부담감을 가졌습니다. 더 많은 분들에게 묵삶을 나누면 좋겠다는 생각이었습니다. 이제야 미룬 숙제를 해결하게 되어 감사할 뿐입니다. 주님께서 출판의 문을 세세하게 간섭하시고 열어 주셨기에 가능한 일이었습니다.

하나님께서 모세의 후계자 여호수아에게 이스라엘 백성을 맡기시면서 하신 말씀 한 절이 저의 심장을 뜨겁게 했을 때 저는 한동안 꼼짝도 않고 말씀 앞에 엎드려 있었습니다.

"이 율법책을 네 입에서 떠나지 말게 하며 주야로 그것을 묵상하여 그 안에 기록된 대로 다 지켜 행하라 그리하면 네 길이 평탄하게 될 것이며 네가 형통하리라"(수 1:8).

"말씀을 주야로 묵상하고 다 지켜 행하라. 그리하면 네 길이 평탄하고 네가 형통하리라!" 이 말씀을 저에게 말씀하시는 주님의 음성으로 간주하고 감사하며 받았습니다. 이 글을 읽다가 가슴이 뛰는 분도 동일한 은혜를 누리면 좋겠습니다.

여호수아는 하나님의 말씀대로 순종하여 가나안 땅을 정복하고 12지파에게 땅을 분배하였습니다. 사명을 마친 후에는 백성들에게 마지막 유언으로 다음과 같은 말을 남겼습니다.

"보라 나는 오늘 온 세상이 가는 길로 가려니와 너희의 하나님 여호와께서 너희에게 대하여 말씀하신 모든 선한 말씀이 하나도 틀리지 아니하고 다 너희에게 응하여 그 중에 하나도 어김이 없음을 너희 모든 사람은 마음과 뜻으로 아는 바라"(수 23:14).

여호와의 모든 선한 말씀이 하나도 틀리지 아니 하고 이스라엘 백성에게 응하였다고 증언합니다. 하나도 어김이 없다는 것을 온 이스라엘이 마음과 뜻으로 안다고 거듭 강조합니다. 우리의 삶도 여호수아처럼 결정적인 순간 묵상의 위력을 드러낼 때가 있을 것입니다. 묵상을 중단하지만 않는다면 말입니다.

하나님을 사랑하면 말씀을 사랑할 수밖에 없습니다. 말씀 안에서 하나님의 성품을 알아가다보면 어느 순간 그분의 성품이 내 안에 들어와 나를 변화시키고 있다는 것을 깨닫게 됩니다. 사랑하니까 그분을 닮아가는 것입니다.

'묵삶 119' 책을 가지고 5개월을 투자해 보기를 권합니다. 매일 8절씩 묵상하면 22일이 소요됩니다. 22일을 7번을 반복 묵상하면 약 5개월이 소요됩니다. 5개월 동안 동일한 본문을 7번 반복 묵상해도 묵상할 때마다 매번 깨달음과 적용이 다름을 경험할 것입니다.

더 중요한 것은 이러한 반복적인 묵상을 하다 보면 어느 순간 묵상이 삶 가운데 자연스럽게 녹아들어 습관으로 자리 잡은 것을 보게 됩니다. 좋은 묵상 습관은 몸이 먼저 기억하고 그것을 반복하도록 도와줍니다.

이제 용기를 내어 시작하기만 하면 됩니다. 나머지는 우리를 인도하시는 성령님께 맡기고 묵상의 여정을 떠나보시길 권합니다. 독자 여러분의 묵삶 여정 가운데 주님의 사랑이 넘치도록 부어지기 소망합니다.